高高山頂立　深深海底行
gaogaosky.com

THE CROWD: A STUDY OF THE POPULAR MIND

by Gustave Le Bon

乌合之众

大众心理研究

［法］古斯塔夫·勒庞 著

李 阳 译

作家出版社

图书在版编目（CIP）数据

乌合之众：大众心理研究 /（法）古斯塔夫·勒庞著；李阳译. ——
北京：作家出版社，2017.3（2021.4重印）
ISBN 978-7-5063-9312-6

Ⅰ.①乌… Ⅱ.①古… ②李… Ⅲ.①群体心理学—
研究 Ⅳ.①C912.64

中国版本图书馆CIP数据核字（2017）第015420号

乌合之众：大众心理研究

作　　者：［法］古斯塔夫·勒庞
译　　者：李　阳
责任编辑：翟婧婧
装帧设计：高高国际
出版发行：作家出版社有限公司
社　　址：北京农展馆南里10号　　邮　　编：100125
电话传真：86-10-65067186（发行中心及邮购部）
　　　　　86-10-65004079（总编室）
E-mail:zuojia@zuojia.net.cn
http://www.zuojiachubanshe.com
印　　刷：北京盛通印刷股份有限公司
成品尺寸：146×210
字　　数：140千
印　　张：6.75
版　　次：2017年3月第1版
印　　次：2021年4月第4次印刷
ISBN 978-7-5063-9312-6
定　　价：39.00元

总顾问　张　炯　中国社会科学院荣誉学部委员、中国作家协会名誉
副主席，曾任中国社会科学院文研所兼少数民族文
研所所长、《文学评论》主编

顾　问　按姓氏笔画排序

邓晓芒　哲学家、美学家和批评家，华中科技大学哲学系教
授、德国哲学研究中心主任，中华全国外国哲学史
学会常务理事

李四龙　北京大学哲学系（宗教学系）教授

陈书良　历任湖南社会科学院学术委员、文学所所长、湖南
省文史馆馆员，湖南省文史馆湘学研究中心副主
任，享受国务院特殊津贴专家

周溯源　中国社会科学院近代史研究所研究员，历史学博士，
《中国社会科学》杂志编委，武汉大学、广州大学
兼职教授

总 序

张 炯

　　只有人类才有思想。人类作为能动的主体，它的意识就不仅仅是存在的反映，还能够超越存在，改造存在。马克思在《关于费尔巴哈的提纲》中说："哲学家们只是用不同的方式解释世界，而问题在于改变世界。"人之所以能够改变世界，正因为人的思想具有能动性。人的能动性首先体现为思想的能动性，然后才作用于人改变世界的实践。人的思想能够从实践提升理论，从现象透视本质，从已知透视未知，从历史透视未来。构成人类思想的感性和理性，逻辑推理力以及想象力和幻想力，使人类的思想成为认识现实、改造现实的强大精神力量。思想家正是以自己的杰出努力使自己的思想成为有益人类历史进步的卓越人物。

　　前些年，欧洲曾把孔子和马克思推崇为人类历史千年以来的两大思想家，当然都基于认识到他们的思想对人类的历史进步所产生的深远影响。以孔子为代表的儒家学说，不仅成为中国两千多年来封建社会超稳定的社会结构的精神支柱，对欧洲启蒙主义思想家也产生过仍然有益的借鉴。直到今天，孔子思想中的积极部分，仍然滋养着我们的社会主义核心价值观。马克思的社会主义思想和他对资本主义的深刻剖析，对全世界产生的深远影响，也已无人能够否认！

思想是无国界的。可以说，人类自脱离动物界成为高等动物以来，就不断在借鉴和分享彼此的思想。有益的思想也只有获得更多人群的享有，才能通过人们的广泛实践，产生改造世界的伟大作用。一个民族、一个国家越能获得更多促使人类进步的思想资源，就越有利于使自己强大，使自己走向历史前进的潮头！

我想，这就是作家出版社与北京高高国际文化传媒在资源整合、优势互补前提下合力打造的这套大型"思想家"书系的初衷。这套书系计划精选、汇集自古以来人类精神思想文化长河中最为璀璨耀眼的传世名著，以及当代探寻社会发展的深刻的人文思考，争取覆盖历史、文化、哲学、政治、社会科学、文学理论等多个重要领域。出版方致力于译文流畅、精准和学术严谨、可靠；并参考已有译本，力求文字浅显、通俗，版式和纸张达到鲜亮、悦目，易于贴近普通读者，宜于读者捧读、收藏。

我国正在为建设伟大社会主义现代化国家而奋斗。我相信，这套书系的出版和发行，必将有益于我国思想文化资源的广泛积累，也必将促进社会主义精神文明的发展，并有益于社会主义现代化国家的建设。是为序。

二○一六年五月五日于北京

古斯塔夫·勒庞

1841-1931

PSYCHOLOGIE
DES FOULES

PAR

GUSTAVE LE BON

PARIS

ANCIENNE LIBRAIRIE GERMER BAILLIÈRE ET Cie
FÉLIX ALCAN, ÉDITEUR
108, BOULEVARD SAINT-GERMAIN, 108
1895

2Tous droits réservés.

1895年首版扉页

作者自序

说明群体的性质，是本书的研究内容。

通过遗传，每个个体都得到了所有的共同特点，一个种族的特征就是由这些共同特点组成的。根据某些行为目标，若干个体汇集在一起，并且组建了一个群体。我们从"汇聚"这个词，可以得出以下结论：它们有些时候会表现出新的心理特点，而不只是保有原来的种族特点。我们一定要认识到，这些新特点经常和旧有的特点有很大的差异。

在大家的生活中，集合起来的人一直具有非常重要的作用。不过，这些作用在今天的重要性要比过去更强。在现在的年代，群体的无意识行为已经替代了个体的有意识行为。

对于群体表现出来的难点，我努力用一种纯粹科学的方法去研究。也就是说，想要取得一些成果，需要在方法上多努力，将其他学说、理论和观点的影响摒弃。我认为，为了探索一点点真理，只能采用这种方式。更进一步，如果我们讨论的话题能够得到热烈的响应，那么这就是事实了。一名科学工作者绝对不会特意关注自己的研究会给别人带来怎样的伤害，而只会专注地对现象做出分析。伟大的思想家阿尔维耶拉先生不属于当前的任何一个学派。在最近的出版物中，他发表评论说，自己的观点与一切学派都对立。我希望这部作品能基本和这条评论相配。如果你属于某个学派，就说明必然是支持某些观点的，也必然受到该学派固有偏见的影响。

但对于这个问题，我要给读者做出说明：为什么乍一看我研究的结果不被人接受。比如说，我发现群体精神（精英团体也包括在内）存在某些特质，性质很是恶劣，其实，这也是事实，可是，我还是认为干预这些群体是危险的。这是为什么？

经过对历史最仔细的研究后，我可以非常肯定地说，原因是，我们的能力根本就不足以使社会组织突然发生变化，社会组织像所有的生命一样，非常复杂。大自然在很多时候所采取的方式都是剧烈的，但我们人类却不能采用这些方式。也就是说，就算变革的理论讲得天花乱坠，但对于一个民族来说，这种根本性的变革仍然是最要命的。只有当民族的气质因为变革而发生变化的时候，变革才是有益的。但只有时间才拥有这种力量。人类必须在传统、情感和思想的操控和支配下生活，这是人类自然本性导致的结果。在很大程度上，法律和制度表达出人的需求，而不仅是从外在表现人的本质。作为人的本性体现的法律和制度，对它根本无能为力。

人民群众是社会现象存在的基础和根源，它与对社会现象的考察是密不可分的。从哲学角度看，事实上社会现象的价值是相对的，虽然可能它具有绝对价值。

因此，社会现象是互相关联的，一定要注意到这一点，还要从两个完全不同的方向思考，才可能研究社会现象。所以，我们可能会看到，来源于实践理性的教育和来自绝对理性的教育经常是矛盾的。包括自然科学在内，所有的研究对象都存在这种区别。从绝对真理的角度分析，经过严密的公式定义以后，一个圆或者一个立方体，就成为永恒不变的几何图形了。但在人看来，不同人眼中的几图形的形状可能是完全不同的。如果透视一个圆，我们可能看到一条直线或者一个椭圆；如果透视一个立方体，我们可能看到一个正方形或者锥形。进一步说，相对于研究图像真正的形状来说，研究这些虚幻的形状更加重要。因为我们能看到的，或者通过绘画和摄影的整理方式映入大脑中的，只有这些虚幻的形状。有的时候，真实事物所包含的真理还不如虚假的事物多。如果精准地展现事物的几何形状，那么我们可能就无法认识它，因为事物的自然天性可能被扭曲。我们可以想象一下，假如某个地方的居民不去碰触物体，只是拍照或者复制，那么他们恐怕无法正确地认识该事物的外在特点。从最极端的情况来说，假如知识只能掌握在少量的渊博之人手中，那又有什么用呢？

　　在研究社会现象的时候，一名哲学家一定要记住，除了社会现象的理论价值，实践价值更加重要。另外，文明的发展过程始终夹杂着实践价值。如果在理论逻辑的要求下，一开始他就能接受这个事实，那么他必然极其慎重。

　　还有其他原因，使得哲学家坚持同样的保守态度。哲学家不可能完全了解庞杂繁复的社会事务，或者预测到这些事物的相互作用将造成何种结果。另外，有的事情是能看见的、有外部表现的，但很多情况下有无数个不可见的原因隐藏在事物后面。因此，强大的无意识系统很可能造成了某种社会现象，而我们似乎并没有能力分析这种系统。如果把浪花比作一种能观测到的现象，那么这只能说明我们的无知，因为它只是表现，其根源其实是海洋深处的水流运动。群体的一些外在行为，好像被一种我们称为"鬼神"之力的神奇力量控制着，不过古人认为这是上天的眷顾，是命定的，是天性使然，其实从精神上讲，这些行为无比的卑劣下作。人们不敢忽视它的力量，虽然完全不知道它的本质如何。好像有一种源源不断的控制力量存在于人们心底。比如说，什么东西能比语言更让人拍案叫绝、更有逻辑、更加繁杂呢？虽然语言的组织结构极为精妙，但它的根源何在？恐怕只有群体的无意识才能令其诞生？最受尊敬的文法学家，最博学的学者，都不可能平白创造出一种规律，来说明语言本来有哪些规律。我们能确定那些大人物的观点都来自于他们的大脑吗？很明显，个体的大脑产生了这些思想观点，但它之所以能成长，难道不依赖于群体提供的无穷微小沙粒变成的土壤吗？

虽然群体多是无意识的，但有一个秘密暗藏在这种无意识中，那就是群体为什么有这么大的力量？在自然界中，生物的行为完全是从本能出发，可它们动作复杂，让人拍手称赞。人类新近才有理性这种属性，暂时尚不能对这种无意识的规律做出解释，因为它还不够成熟。它还要很长时间才能保证立得住。在人类的行为中，无意识的能量非常庞大，但理性起的作用却微乎其微。无意识一直都非常有用，但直到现在还都是一种人们不了解的能量。

　　不过，假设我们只对一个安全的狭小范围充满希望，根本不想进入假设和猜想的范围，只是用科学得到知识，那么关注我们能看到的现象，并且只是盯着它观察，就成为我们唯一能做的事。一个健全的结论是不可能只通过观察得出的。虽然我们能观察出某个现象，但还有一些模糊的现象暗藏其后，当然还有一些现象是我们从未见过或者听过的。

目 录

引论：群体的时代

如今时代的变迁　民众思想演进导致了文明蜕变　如今关于群体力量的观点　欧洲国家传统的政策因群体力量而发生转变　群众阶层是怎样兴起并产生力量的　群体力量的落脚点　群体只起到了破坏的作用　腐朽文明在群体的推动下走向瓦解　一般情况下，无人关注群体的心理状态　群体对政治家和群体立法者的研究至关重要

罗马帝国走向衰落、阿拉伯帝国建立起来，这类事件从表面上看，外敌入侵、政局变动和王朝更替是文明变革前剧烈变动的原因。但如果对这些历史事件进行深入研究，你就会发现更深层次的原因：这些影响巨大的变革都是普通民众的思想观念推动的。这个原因是隐藏在表象之下的。眼见暴力激烈和庄重严肃的历史变革，我们唏嘘不已，但其实这些并不是真正的历史巨变。历史事件只是一个可以看见的结果。真正的社会变革只有一个特征，那就是扎根于思想、文明、信仰和认识的革

新中。从根本上来说，是那些不可见的人类思想的变化，使得那些历史事件没被人忘记，甚至不断翻新。作为一个物种，人类最稳定的因素就是通过遗传传承观念，所以很少有伟大的历史事件。

现在，人类的思想正处在转变的历程中，这个时期意义重大，至关重要。

转型的基础由两个基本因素构成。第一是政治、宗教和社会信仰的崩塌，信仰中包含组成人类文明的所有因素。第二是现代工业和科学的飞速发展，完全改变了人们的思想和生活。

过去的思想理念的力量仍然非常大，虽然它基本上坍塌毁灭了。现在的时代是一个过渡的时代，取代过去思想的观念正在形成中，一切秩序都是杂乱的。

这个杂乱无章的时代，在将来的某一天将面临怎样的结果？我们现在还很难说。我们之后的将来，社会基础思想将怎样建立起来？我们现在无法回答这些问题。但有一点是非常明确的，无论将来社会的组织方式是怎样的，都要考虑到群体的力量，这是一种新兴的力量，它在如今的社会中一直存在，并且占据了支配性地位。在今天已经没落或者正在没落的思想观念中，曾经的很多思想观念都可以被看作是遗留，在接连不断的革命中，很多权威的观念都已经坍塌了，而某个唯一的力量将会取代它们。这个力量可能会在短时间内吸收其他的力量。旧的、老的社会支柱一根一根地倒下，曾经的所有信仰都化为瓦砾，此时，群体力量的势力将继续增长，并且成为一种无法抵挡的力量。这真的是一个群体的时代，我们就要步入这样的时代。

在一个世纪以前，欧洲各种历史事件爆发的主要原因，还是君主之间的矛盾，或者各国旧的政治路线的冲突。很少有人考虑到广大民众的需求，甚至可以说这股力量毫无作用。在今天，君主个人的好恶和矛盾，政治上已经认可的传统，这些因素已经不起作用了。另外，正好相反的是，普通民众的声音异军突起，成为主导力量。通过这种声音，民众的意愿传到了各国君主的耳中。民众努力表达自己的心声，这些行为言谈必须重视。现在，王族的商讨已经不能左右民族的走向了，但民众的心却能决定。

政治生活包括不同阶级的民众，更直接一些，民众逐渐成为一个具有统治权力的阶层。在过渡时期这个特点最为明显。普选权并不像人们想象中的那样，能左右政治权力的转移，因为它的影响并不大，虽然已经被推行了很长时间。民众不断积聚，能量越来越大，开始是一些思想观念在其中散播，渐渐地这些思想观念牢牢地扎根于他们心中，在它们的推动下，一个个体渐渐联合起来形成社会组织，并将自己的理论主张付诸行动。通过结成社会组织，群体具备了与自身利益紧密联系的观念。这些利益的界限非常清楚，虽然有可能并不合理。就是通过这些观念，群体最终看到了自己的能力。现在，一个个政权都不得不在由群众组成的各种联合会面前折腰。群众还建立了工会组织，希望通过这个组织解决薪酬和劳动问题，他们因此而不顾所有经济规律。他们走进了议会，在政府面前指指点点，众多议员只是委员会的代言人——是委员会把他们选举出来的，根本没有任何自主性和决定权，他们也就仅仅是代言人。

如今，民众好像就是要颠覆现在的社会，这个要求越来越明晰。他们坚持与原始共产主义关系密切的思想理念。他们提出，要消灭所有上层阶级，限定工作时长，将工厂、铁路、矿场、土地全部国有化，劳动产品平均分配。他们认为这些才是符合广大人民群众利益的。但是，现在还没有实现真正的文明，如果在全人类推行这种共产主义，势必会造成混乱。

群体经常在行动上过于激进，而且缺失理性思考的能力。现在，它们得到庞大力量的来源就是强大的组织。群体组织经常引出一些我们能看见的教义。就像曾经的教义一样，这些教义也会很快产生巨大的力量，这种力量独断专行，不容别人质疑，好比拥有了神权。这种神权很快就会取代国王的神权。

一些作家很容易成为最好的讲述这个时代的人，因为他们懂得这个时代中产阶级的心意。这些中产者身上有某种怀疑主义，他们浅薄、循规蹈矩、狭隘，这是这一阶层特有的特点，他们甚至还不分情况地关注自我。不过，这些新势力在逐渐发展壮大，当他们意识到这一点时，又会感到非常恐慌。他们在绝望中高呼，希望让人们繁杂的思路变得清晰。曾经是教会在管理道德事务，但那时他们不以为意，可是现在却呼喊着将希望赋予教会。他们扬言科学终将毁灭，声称教会的那些教导、真理充满启示意义，满怀悔意地拥抱罗马教廷。这些皈依者们太过仓促，他们做什么都已经晚了，对于他们来说，就算是神灵真的驻扎并控制着他们的精神世界，那也没有办法了，最好的形势已经过去了，因为这些大脑根本就不可能受到神灵的影响。这个时候，群体已将往日的教诲抛到了脑后，他们所关心的已经不是这些新近宗教皈依者所在意的东西，因为他们早就抛弃了各种神灵，并且使之毁灭。不管是人间的，还是神灵世界的，就算你能够发挥某种力量，都不可能让河流倒流，流向它的发源地。

但是，科学从来没有陷入这种杂乱的状态中，也没有完全走向没落。这种杂乱没有形成新兴的势力，但新兴的势力却是从中产生的。科学带给我们的是真理，有了它，我们至少可以依靠智力把握事物之间的关联，建立知识体系。科学从来没有表示过，它可以带来幸福和谐。它看不见，听不见我们的哀愁和情感，也不会对此有所表示。我们能够做的，只是想办法与科学一起共存。对于被科学打破或者是捅破的幻想，我们再也没有其他的力量去使之破镜重圆了。

有一种条信息在所有的国家间扩散、传播。所有人都看得到，它正让我们看到群体的力量逐渐壮大。物极必反，因此过不了多长时间，群体的力量就会崩溃，直到最后消亡。然而这只是一厢情愿的想法。我们一定都会接受这样的势力，不管将来的命运如何。所有抵制它的说法都是没用的。群众很可能是一个标志，是西方文明的最后一个阶段，它可能会走到历史的舞台上。未来的社会可能因此进入无政府状态，开始倒退，甚至变得极其杂乱无章。不过，对于产生新的社会来说，这个前提往往是非常必要的。那么对于这样的发展，谁又能够阻挡得了呢？如果躲开它又会遇到什么结果呢？

从古代到现在，群体一直担负着彻底消灭一个衰落文明的重任，这一点非常明确，并不是直到现在人们才看到这个特点的。使文明建立的道德因素还具有力量的时候，没有意识的粗野大众总是担负着一个使命——让一个文明走向最终的衰竭。历史早就告诉我们，粗野之人是对他们确切的称呼。我们从历史中知道，创造和领导文明的责任，不可能落在大众群体身上，只可能落在少量的贵族知识分子身上。群体的庞大破坏力，永远让历史退缩到荒蛮的时期。对于高级阶段的文化来说，文明从早期的本能状态过渡到了理性的思辨状态，这种状态有着各种规章制度。群众的力量根本就不可能完成所有过程，我们可以非常直白地承认。民众的力量就像细菌的一样，只有彻底的破坏性，它会让行将就木的人死去，让尸体彻底消失。所以，在文明的高楼就要坍塌的时候，使高楼彻底倾颓就是民众的真正作用。这个时候，他们的任务才能够被清楚地认识到。人多就意味着力量大，这是历史的唯一法则，但好像只有这个时候才能够体现出来。

这是一种命运，我们的文明必然如此吗？其实我们并没有理由产生这种忧虑，不过我们也不能给出一个确切的答案，因为我们还没有发展到那个阶段。

在群体的力量面前，我们一定要表示屈服，不管事情怎样发展。目光短浅的群众，会彻底扫清一切阻碍——限制他们走上正路的东西。

我们对群体的了解并不多，但它已经成为大家讨论的话题，成为人们热烈争议的内容。那些专业的心理学并不重视群体的力量，这真是和他们的个人特点完全不相符。后来他们看到了这个研究领域，不过他们认为值得进一步研究的只有犯罪群体。很明显，犯罪群体确实是存在的，不过我们同样可以遇到除了犯罪群体以外的群体，比如杀身成仁的群体。群体犯罪最多只能算是群体中一个特别的心理特点。就好像不能通过一个罪犯去了解整个人一样，通过研究犯罪群体来认识整个群体的精神内容，也是不合理的。

到处都有心理学家，我们可以非常肯定地说，所有宗教的建立者、伟大帝国的建立者、优秀的政治家、让人敬佩的信徒，甚至一个小团体的头目，他们都是。他们对自己的群体的认知，准确性相当高，不过，这种认知是靠本能得来的。他们了解这一群体，基于此，才能够取得群体的领导权，并且发挥至关重要的作用。比如，对于统治之下的国民心理，拿破仑有着超凡的观察力，但他却不怎么了解其他种族群体的心理。正是因为对其他种族心理的了解不足，[①]所以在进攻西班牙，尤其是远攻俄罗斯的时候，他才让自己陷入了危险，甚至差点丧命。这都必然导致他在短时间内走向灭亡。如果今天的政治家不想领导民众——这件事简直太困难了，如果他不想在民众的指点下生活，那么他能够依靠的最后的砝码，恐怕就是群体心理学的知识了。

如果没有人逼迫，群体并不愿意坚守自己的观点和想法，

---

① 就算是最聪明的谋士，恐怕也很难弄清楚这种心理。特里朗宁在信中说道："西班牙人会热情招待士兵，因为士兵在他们眼里是解救他们的人。"其实，实际情况并不是这样的。他们没有得到很好的款待，并被看成了猛兽。如果心理学家非常了解西班牙人的遗传本能，那么应该能预料到这种结局。——原注

面对群体，制度和法律对群体的作用是多么的弱小，他们多么见风使舵，只有在了解了一定的群体心理以后，才会有深刻的认识。很明显，并不是公平、平等的学说原则指导着他们的思想，想要领导他们就要去挖掘另外的事物。对于群体来说，这些事物必然是一种诱惑，他们会为之而动情、动心。比如，一个想要推行新税收制度的立法者，难道他所采取的方式一定要在理论上达到最公平公正的吗？很明显，他必然做不到。我们应该清楚，最不公平的可能在大众的眼中却是最好的。

最容易被人接纳的解决问题的方式是什么？我认为是一种不会让人感到有压力，而又不能显而易见的方式。所以，普通的民众比较容易接受间接的税收，不管缴纳的费用有多高。他们的日常生活并不会因为付出一些税金而被干扰。在默许的情况下，新税收制度推行下去了。如果让民众一次性支付大笔税金，也就是用他的所有收入或者工资的形式，按比例来征税，那么就算给他减少了90%的负担，他们也一定会抗议，一定会团结起来反对。基本上这个事实导致了这种现象：对于人们来说，那些看起来数量巨大的钱，会刺激人们联想到钱财，可是零碎的支付税款，却算不了什么。在少量而多次地支付新税金时，人们好像并没有感觉到负担有多重。民众根本想象不到，从长期看来，用这种方式计算的经济手段获益更多。

这是一个非常恰当的例子，虽然它很简单。对于这一点，拿破仑这位心理学家非常喜欢。不过，在认识群体特点的问题上，我们当今的立法者却并不在意，所以也抓不住重点。人们行动时，往往不注重理性所起的作用。所以，直到现在，尽管他们经历了很多事，还是不能够认识到这个道理。

群体心理学还有其他作用。很多经济和历史现象，都可以通过这门学科得到恰当的解释。而且，如果不从这一层面去考量，这些现象是难以理解的。我要说明的是，对于法国大革命中的很多事情，最优秀的现代历史学家泰纳①给出的解释，也不完整，正好说明这一点。主要原因是，他从来没有想过研究群体的特点。这个时代非常烦躁。他在研究的时候所遵循的研究法则，是自然科学家所使用的。那些具有道德因素的现象，是历史学真正要研究的，而不是自然科学家要研究的。群体心理学是非常值得研究的，至少对于社会实践来说如此。就算是因为好奇，也应该研究一番。人们总是处于某种目的才会做出行为，这让人感到非常有趣。就像是了解某种植物或者矿物的属性一样，我们要理解这种动机。对群体特点的研究，最多只算是一个简单的归纳，只算是一种概括，所得出的观点也只是提出建议，所以我们的期望不应太大。现在这一片领域还没有被研究，我们所做的研究也非常浅显，但其他人会继续研究，并打下坚实的基础。

---

① 泰纳（1828—1893），全名为伊波利特·阿道尔夫·丹纳，著有《巴尔扎克论》《英国文学史引言》《艺术哲学》《论智力》等书，是19世纪法国杰出的文学批评家、艺术学家、美学家、哲学家、历史学家。——译注

第一卷

群体的心理

1. 群体的普遍特征

在心理学意义上群体的组成情形　群体并不是个体的汇聚　群体心理的特点　群体中个性的消失，以及对其个体原来思想感情的改变　群体经常由无意识因素支配，脊髓活动的优劣和理性思维活动的终止，情绪突然变化和理性的缺失　相比于个体的感情，群体情绪的突然变化可能会更好，也可能更差　群体既有胡作非为又有勇敢无畏的特点

从一般意义上来说，"群体"这个词指的是聚合在一起的很多个个体。他们的性别、职业和民族可以都不考虑，当然他们为什么汇集到一起，我们也可以不考虑。不过，心理学认为，"群体"这个词意义已经完全不同，在一个特别并且必须特别条件下，聚集在一起的这些人必然会显现出某些新的特点，这些特点与组成这个群体的个人的特点完全没有关系。对

于一个汇集在一起的群体来说，个人的思想感情，全都会向着共同的方向发展，群体的心理因此而形成，个体的特点则会泯灭其中。群体心理是短时性的，这一点毋庸置疑。但是它也有其自身必然存在的明显特点。当个体汇集成群体以后，就会到达某种状态，我们只能暂将它称之为有组织的群体，因为现在还不能准确地命名它。或者，也可以更加确切地说，它在心理状态上是一个群体。这个群体的存在方式是特别的，它受到群体精神的统一主宰。

当人们偶然地聚集在一起，很明显，我们不能因为他们形成了一群人，就认为他们是个有组织的群体。一个公共场所可能会同时容纳1000个人，可这些人只是碰巧来到这个地方，并没有确切统一的目标，因此从心理学意义上来说，也算不上是群体。只有当群体具备一定的特性，或者说是有充足的前提条件时，它的特点才会暴露出来。

丧失自觉性、思维和情感，并都转到一个新的方向上去，这是一个人成为有组织的群体中的一员所表现出来的第一个重要特点。不过我们应该认识到，同时出现在一个地方的一群人并不一定就是群体，比如在很多时候，国家大事可能会激起人们的强烈情感，从心理意义上而言，很多个独立的个体就会显示出群体的特性。此时，在一个突发事件的影响下，他们可能很快就汇集在一起，并因此具有了群体行为的特点。有的时候，一个心理群体可能就是一起站着的五六个人。但虽然聚集了上千个人，但是他们的聚集只是偶发性的，这样的群体并不是心理群体现象的研究对象。另外，对于一个民族来说，在特殊的情况下，整个民族就是一个真正的群体，但其实，很难将这个民族所有的个体全都汇聚在一起。

从心理学的角度来看，虽然群体在形成以后已经暂时具备了基本特征，但这些特征却是非常明显的。除了这些特点以外，群体还有其他附加的特点，因为组成群体的个体面临不同的情况，群体的精神和内容结构也会发生改变。所以我们很容易对心理群体进行归类。如果我们深入地研究这个问题就会发现，一个混合性群体——不同成分的成员组成的群体——表现出来的特点，与同一性群体——组成群体的成员的成分基本相同，比如身份、派别或者阶级等——相比，具有一些共同的特点。在这些共同特点之外，这两类群体同时还具有一些各自的特点，所以我们可以对这两类群体做出区分。

我们一定要先研究不同类型群体的共同特点，然后才能够分别对他们进行研究。假如这项工作是由自然科学家完成的，那么，他们基本上会对全体成员的共同特点做出分析，然后再分别研究他们各自的具体特点。我们在从事这项工作的时候，也要使用他们这样的方法。

组成群体的方式和种族会有所差异，此外，刺激群体主要因素的强度和性质区别也非常大，因此我们很难非常精准地表述群体的心理。但是，个体心理学也一定会遇到这些困难。只有在小说作品中才可能出现一个人性格终生不变的事。假如环境没有发生变化，那么人的性格也可能不会发生明显变化。但所有的精神结构都可能包含着各种不同的特点，在我的其他著述中，我说过，环境的激变，会导致这些性质显现出来。这就能够说明，为什么原本最谦虚的公民到了法国国民公会中，会成为最蛮横的人。他们在正常的环境中都是很好的官员，或者是温润的公证人。不过他们平时的性格在经历了大的波动以后便回来了。所以，他们又会变成守法，而又平和的好公民。在拿破仑的统治之下，他们中的很多人都曾经是最驯服的臣民。

我们不可能全面研究组织程度不同的各个群体，所以我们研究的群体，是那些已经完全具备组织性特点的。我们可以通过这种方式发现，一个群体是可能发生变化的，还能观察到它们在将来会变化或者是发展成什么样。只有在组织性非常成熟的情况下，原本的特点才会在新的特点上留下印记。另外，集体的所有思想和情感，都会向着一个明确的方向聚拢。在出现这种情况的时候，我们前面说到的心理学规律才可能起到作用，也就是群体的精神一致性会产生影响。

群体心理特点可能与单独的个人表现出来的一些心理特点完全不同，当然也可能是一样的。这些不同的心理特点只可能出现在群体中，个体是无法具备，且只有成为一个群体时才能被发现。所以在研究的过程中，我们一定要先特别关注它们，对于其不可替代的特点，一定要重点解释。

以下几点是一个心理群体表现出来的最明显的特点：不管全体成员的职业、生活方式、智力、性格是否相同，不管个体是什么样的人，在组成一个群体后，他们都会得到某种集体心理，他们的行为思想和感情，与他们作为独立个体时的行为思想和感情完全不同。个体不可能表现出那种行为，因为他不可能具有某些情感或者是想法，除非他们组成了一个群体。群体只是暂时的，心理学认为，当不同成分的人组合在一起组成群体时，就诞生了一个新的生命，就像组成生命体的细胞与单个细胞的特点完全不同一样，群体所表现出来的特点与个体也不同。

在博学的哲学家赫伯特·斯宾塞[①]的著作中，人们找到了一些观点，发现个体与个体构成的群体表现出来的特点完全不一致。群体不是组成因素的简单相加，其特性也不是所有个人的平均值。群体中间发生的是化学反应，好比酸和碱会产生新的物质一样，群体与组成他的个人也完全不同。

想要证明群体中的个人已经不是原本那个独立的个体，其实很容易，不过找到其中的原因却不那么容易。

我们一定要先关注无意识心理活动。在理性思考和生活中，无意识心理活动起到的作用是决定性的，这是现代心理学已经承认的客观事实，要注意到这一点才能找到其中的原因。相比于无意识的因素，在人类的精神生活中有意识的因素，只产生了很小的作用。最具洞察力的观察者，最细致的分析者，也只能找到一些支配人行为的无意识动机。无意识的深层心理结构造成了有意识的行为活动，而遗传因素则会影响到无意识深层心理活动。深层心理活动，由多个世代遗传的各种共同特点组成，它包含着某个种族的先天特点。

---

① 赫伯特·斯宾塞（1820—1903），英国社会学家、哲学家和心理学家。他将进化论适者生存应用到社会学上尤其是教育及阶级斗争，被圈内人士称为"社会达尔文文主义之父"。他在宗教、政治、修辞、生物、心理学等领域都有著作，贡献颇丰。——译注

很多人类的行为都是我们不能做出解释的，我们只能对一部分做出解释。对我们来说，还有一些神秘的未知因素隐藏在后面。深层心理动机影响到我们大部分日常生活的行为，但我们却不能够观测到。

无意识因素组成了一个种族的先天特点，种族的个体之间基本上非常相似，但是他们的有意识因素造成了他们个体之间的不同，而个体不同的遗传条件决定了这些有意识的因素。当然产生一定影响的，也包括教育因素。智力是人和人之间最大的差别，但是情感和本能没什么太大差别。在处理宗教、爱恨、道德、政治等情感领域的问题时，最杰出的人不一定表现得比一些普通人好。在性格方面，一个杰出的数学家与一个鞋匠之间的区别可能非常小，甚至根本没有区别；但在智力上，前者要比后者强出很多。

种族中的大多数人都同时具备最基本的性格特点，而这些性格特点始终是由无意识因素决定的。我认为一个群体的共同特点，就是这些基本性格特点。群体中个体的智慧，由于群体心理的因素而弱化；当然，个体本身的特点也因此而变弱。无意识力量起到支配作用，同一性因素覆盖了混合性因素。

群体不能完成高智力的工作，因为群体整体上的品行会低于群体中的个体。杰出的人组成了一个议会，他们能够对普通大众的长远利益做出决定，只有他们能从事这项工作。假如一个群体是由各个行业中的专家组成的，那么他们并不一定比一些笨人更聪明。在处理自己的日常工作时，他们运用的只是最为普通的知识，实际上每个人都具备这些知识。每个个体在群体中时，并不会因为汇聚在一起而使天分和才能变得突出，反而会更加蠢笨。如果"全世界"被视为一个群体，那么一般人会认为，相比于伏尔泰，全世界的智慧更加高明。不过，最终的结果必然是全世界的人都没有伏尔泰更加高明，这才是事实真相。

如果聚集起群体中的个体最基本的品质，那么结果必然不是什么新奇的东西，而是平庸。我们要努力研究的问题，正是这些特性是怎样形成的。

对于那些单独的个体不具有，而群体具有的特点，有很多因素起到了决定性作用。

首先，如果只观察数量，当一个个体处于单独状态中的时候，他一定会限制某种要释放出来的欲望；但是，当处于一个群体中的时候，他可能会感受到这种本能的欲望是一股巨大的力量，自己根本就没有办法抵抗。在群体中时，他会自然而然地产生这种想法：群体不需要承担什么责任，因为它的归属不确定，所以他心中的责任感会因此而消散。

第二，在决定群体特点的同时，感染现象还决定着群体基本的接受对象。作为一种现象，感染是否存在是很容易确定的，但我们却不容易把它解释清楚。如果有必要，我们可以认为它的作用和催眠很相似，我们可以做一个简单的研究。在群体中，任何一种行为和情感都会感染别人，因为这种感染作用，个体甚至时刻准备着为集体牺牲个人利益。其实人的本性是保护自我利益，而牺牲自我的特性与这一本性是不能兼容的。个体基本上不会做这种事，除非他是为了组成和融入集体当中。

第三，与个体单独表现出来的特点相比，决定群体特点的最重要的原因与之完全不一致。我要说的是，上面提到的感染产生的后果，就是群体容易接受暗示。

对于这个现象，心理学最近的研究结果，可以帮助我们分析。在今天大多数人都已经承认下面提到的内容：面对不同的诱惑，个人可能会陷入一种完全抛弃自我的状态中，这个时候，他会有意识地听从暗示者的话，表现出与平时习惯和性格完全不同的行为举止。如果你进行了仔细的观察，就会发现，长时间融入群体以后，个体就会进入到一种类似于被催眠后的特殊状态中，个体是迷糊的。这可能是由一些我们根本不知道的原因导致的，但也可能是因为群体有一定的催眠作用。个体已经被催眠了，在群体中他的大脑活动麻木了，他变成了一个奴隶，完全没有意识，催眠师可以任意控制他的脊椎神经。他有意识的自我人格消失了，催眠师控制着他所有的思维和感情，他丧失了判断力，不具备主观意志了。

基本处于同样状态的，还有心理群体中的个体，他们已经不能感受到自己的行为了。他们身上的一部分能力被摧毁和破坏，这就好像被催眠了一样。同时，他们身上的另外一部分力量也有可能被强化，变得更强大。这个时候他们会难以抑制心中的某种冲动，再加上一些暗示的指导，他们就会坚决地行动起来。因为相互影响使这种力量强大很多，暗示会对群体中的所有个体都产生作用。所以，相比于催眠，群体中的这种冲动更加难以控制。处在群体中，很少有人能强大到保持个性，抵抗暗示带来的冲动，或者说他很难做出反转行为。在出现不同的暗示时，他们只能顺应时势，和群体保持行动方向一致，这是他们唯一能做的。也正是因为如此，有的时候出现一个能够让众人清醒的形象，或者是说一句顺应众人的话，就有可能将群体最血腥的暴力行为终止。

在无意识全面统治时期，人的意识消失。因为暗示或相互感染的作用，情感和思想都向着一个方向发展，使得暗示带来的指令立刻得到实施。这些都是处于群体中的个体表现出来的主要特点，我们一定多加注意。这个时候，个体已经成了一个傀儡，他不再是他自己，他的意志也不能够操控他自己。

极端来讲，只是凭着他是一个有组织的群体成员这个事实，我们就可以断定，他从文明的台阶上退步了很多。一个单独的个体，他可能是有教养的；但如果处于某个群体中，他的行为就会受到生命本能的操控，成为一个粗野的人，变得狂躁且暴戾，他的行为已经不能由自己控制了。他会表现出一些英雄主义，且充满激情，这似乎是原始人才具有的。和原始人更加类似的是，各种想象和言语可能会让他心动，他会欣然接受这些，甘之如饴。然而，这些想象和言语，对处于孤立状态中的他来说不会产生任何影响。在群体中时，他做出的某些行为都是不受控制的，这和他平时的习惯正好相反，而且明显与他的权利相矛盾。就好像风可以把沙子吹到任何地方，个体作为群体中的一个组成部分也是被操控的。

所以，可能每个陪审员都不会投赞成票，但陪审团却最终宣布罪名成立；可能每个议员都不赞同颁布某些法律，但议会却能通过，这样的现象我们都司空见惯。如果分别研究法国大革命时期国民公会的各个委员，他们都是明理而又温和的公民，当他们组成一个群体的时候，却能够提出最暴力的提议，而且没有任何保留意见，哪怕是无辜的人也被他们杀死。另外，他们会纵容内部之间的自相残杀，完全弃自己的利益于不顾，轻易地让自己置身于威胁当中。

群体中的个体和他本人在行动上有本质的区别。其实在他还能理智地控制自己的行为时，其思想感情就已经产生了变化。一个吝啬鬼，可能变得非常慷慨，一个怀疑论者可能成为信徒，懦夫可能成为勇士，老实巴交的人成为暴力分子，这些所谓的变化都是颠覆性的。在那个值得我们记住的夜晚——那是1789年8月4日，法国的贵族们竟然激情蓬勃地投票支持取消自己的特权，假如他们单独考虑这件事，估计没有一个人会支持。

我们可以从上面的研究中得出这个结论：在情感以及由情感产生的行为上，个体可能表现得比群体好，也可能比群体差；在智力上，群体总是低于单独的个体。有一点非常重要，这和当时的环境气氛有关，也就是群体接受了什么性质的暗示。如果只从犯罪心理学的角度对群体进行研究，那么我们并不容易抓住这些性质。群体，经常具备犯罪的属性，但也经常具有英雄的属性。群体是一种信仰或教义，为了最终的胜利，可以义薄云天，舍身成仁杀身取义；面对生死存亡，可以激发无限热情，扛下重任；可以激发出难以想象的士气，比如在十字军时代的人们，自己根本没有装备和粮草，却敢于向异教徒征讨基督教的墓地，又比如，1793年，那些挺身而出保卫家国的人们。这都是独立的个人做不到的。

我们自然得承认，英雄主义的行为包括无意识的因素，而且历史正是这种英雄主义书写的。假如民众没有激情，总是非常冷漠的样子，那么就不可能做出令人震惊的行为，他们的事迹也不可能载于史册。

2. 群体的感情和道德标准

（1）群体的焦躁、变幻无常和冲动

群体表现为不断变化的特点，受到所有外在刺激因素的控制　主宰群体的冲动极为有力，对个体利益的重视将不复存在　群体中不存在计划和谋略　种族的作用

（2）轻信的群体容易被暗示

群体服从于暗示　在大脑中唤醒的幻觉被群体看作是现实并接受　幻象对全体成员具有相同影响的原因　群体中无知的人和有素质的人是一样的　幻想主宰个体的例子　史学著述的价值非常小

（3）单纯与夸大的群体感情

群体经常走向极端，不接受不确定性和怀疑　群体总是有过渡的感情

（4）群体的保守、专制和野蛮

群体情感的机制　面对强横时群体是谄媚的　群体的偏执保守不可能因为一次革命而有所改观　群体敌视进步和变革，而且程度强烈

（5）群体的道德标准

更加恶劣或崇高，这两种表现在群体道德行为都可能存在 案例与分析 利益基本上不能支配群体，但能强有力地支配单独的个体 群体能使道德变得纯净

我们已经对群体基本特征进行了简单的解释，接下来我们要对这些特征的细节进行研究。

诸如焦躁、冲动、缺乏理性、没有批判精神、判断力不够、感情夸张等，这些群体的特点，总会在进化中处于比较低等的生命中，比如儿童、原始人和妇女，这一点应该引起注意。另外，对于已经抓住原始人心理知识的人来说，这些内容已无新意；对于那些什么都不懂的人来说，他们也不会相信。因此，本书中不讨论这个问题，在此只是提一下。

在绝大多数群体中存在的共同特征，才是我们要阐述的内容，下面我们将按照顺序进行解释。

（1）群体的焦躁、变幻无常和冲动

在对群体的基本特点进行研究时，我们发现群体的行为基本上完全受无意识动机的控制。似乎确实是脊椎神经，而不是大脑，对群体的行为进行指挥。对于这一点，群体和原始人非常相似。从表面上看，他们的行为不是大脑决定的，也不能说不是完美的。个人行为主要是对自己所受到的刺激做出的反应。对于群体来说，所有的刺激因素都能够起到操控的作用，

而且这种作用会一直持续下去。所以，在刺激因素的作用下，群体只是一种奴隶。对于受刺激因素操控这方面，单独的个体和群体中的个体一样，不同的是，他的行为受大脑约束，大脑告诉他，要控制自己的行为，不要冲动行事，因此冲动并没有起到决定性作用。用心理学的术语来说，独立的个体，他的行为受自己控制，他在反思自己的行为后，会做出反应，不过这种能力是群体所不具备的。

各种类型的冲动，都是使群体情绪兴奋的原因。有些冲动是残酷的，有些冲动是宽容的，有的是软弱的，也有的是果敢的，但都表现为非常剧烈。所以，它们不可能被个人利益和生命存在的权利影响。很多因素都能刺激到群体，在这些刺激因素面前，群体总是低眉顺眼，所以群体可以表现出各种各样的情绪。群体能在转瞬之间由血腥残忍转变为温和宽厚，甚至转变为英雄气概，也正是因为这一点。群体可以是舍身求法迎难而上的，也可以是刽子手一般的。群体可以付出包括生命和流血在内的所有代价，以实现自己的理想。其实，我们并不需要回到曾经的英雄年代，就可以知道群体到底可以做出哪些行为。人们在起义时可以放弃自己的生命。一位闻名遐迩的将军在不久以前做到了一呼百应，他一声号令，就非常容易地纠结了成千上万人，这些人都愿意为他的理想而奋不顾身。

群体基本上不会事先做好计划，一旦刺激到了他们的情绪，他们就会做出截然相反的举动。无论什么样的刺激因素，都会刺激到了群体，其中的个体都会受其支配。群体中的人就像是树叶，遇到强风就被吹到高处，飞向四面八方，然后再次落到地面上。我们接下来要列出诸多群体情绪变幻无常的例子，并主要对革命期间的群体进行研究。

群体因为变幻无常而变得难以操控。它们一旦手握公共权力，就会使事情向更加复杂的方向发展。社会生活被限定在日常生活的必要框架内，这种规定和限制是无形的，假如这种限制不在，民主政治几乎不可能坚持太久。此外，就算群体有多么殷切的期望，它不可能长期存在，因为它没有任何能力对将来做出规划。

群体就像是原始人，善变而又冲动，不管现实和愿望之间有多大阻碍，它都视而不见。群体认为自己能力绝对够大，根本就不会在意两者之间的阻碍，在它面前所有的阻碍都可等闲视之。但这种想法绝对不可能出现在群体中个人的大脑中。当一个人独处的时候，他不会想要抢劫商店或者烧毁宫殿，即便产生这样的想法，他也会非常轻松地压制住，或者放弃这种想法，因为他知道自己做不到这些事。但当他加入到一个群体中，成为其中的一个成员，人多力量大的道理就立刻出现在他的大脑中。受这种力量的刺激，他轻易就会产生铤而走险和孤注一掷的想法，甚至会立刻抛弃理智，屈从于这种冲动。他会完全无视之前想到的阻碍，从而产生足够的激情和狂热。当不能实现愿望时，留给群体的只剩下满腔激昂的热情。

我们所有的情感都来源于种族自身的特点。种族特点会影响到群体的变幻无常、冲动和焦躁，这一点和我们所研究的人们的所有感情是一致的。所有的群体都有不同程度的冲动和焦躁，这是不言而喻的。比如，由英国人组成的群体和由拉丁人组成的群体，它们之间存在非常明显的区别。还有一个非常有意思的例子，这和法国发生的历史事件有关系。在25年前，民众因为公布了一份大使被侮辱的电报而群情激昂，这样一个简单的开端，引发的是一场惊人的战争。过了几年，民众又因为另一份电报而暴怒，电报的内容是一次影响不大的失败，但政府却因此而下台。在此期间，英国远征喀土穆惨败，英国民众对此事的反应却并不强烈，内阁大臣都没有因此而卸职，民众情绪的波动也不大。女性特点在各个地方的群体中都有所表现，女性气质最重的群体要数拉丁族裔组成的群体。只要能让他们相信你，你的命运就会立刻有所变化。不过，就好像你此刻在悬崖边散步，你不应该为此感到高兴，因为总有一天你会掉下悬崖。

（2）轻信的群体容易被暗示

我们在定义群体时，提到容易接受他人暗示是群体的普遍特点，以及在人类群体中这种感染程度能达到什么样的程度。这个事实能恰当地解释群体感情的突然变化。人们可能感觉这无关紧要，然而实际上群体非常容易接受暗示，因为它始终都处于期望被重视的状态中。最初只是一个表示，经过相互感染后，很快群体中所有人就都会受到影响，紧接着便发展为群体统一的感情趋向。

所以，个体都会因为受到了群体的暗示而表现相同，也就是说，大脑一接受某种想法，他们便会轻易付诸实践。不管是牺牲自己的声名，还是去杀人放火，群体都不会有一点在意。刺激群体的因素决定了群体的所有行为，这一点与独立的个体不同。另外，理性的分析很可能与实施的举措形成强烈的矛盾，在理性和接受暗示而采取行动之间，存在一种对峙，在这种对峙关系中哪个胜出，也是群体行为的一个决定性因素。

因此，群体就在一个无意识的范围内游荡，理性起不到任何作用，就像生命中只剩下激情，所有反思的能力都已经丧失，不管是听到了什么暗示，群体都会兴奋起来，除了过分轻信，再也没有其他东西了。我们一定要牢记，在一个群体中，所有事情都可能存在和发展。这就能解释，何以神话故事内容如此荒诞不经，不合常理，但还是有那么强大的传播力。[①]

在群体中，神话的传播一般都比较容易，这是因为群体在对某些事情进行联想后，事情已经发生了神奇的变化，而不只是因为群体极容易轻信。就算是群体目睹了一件最简单的事情，但没过多长时间也会变得极为繁杂，让人无法分辨。群体的思维方式借助于具体的形象，而想象之间并没有任何逻辑关系，但形象本身却可能引出一堆想象。这一点是比较容易理解的，比如有些事情进入大脑后，我们就根据这些事情产生各种幻想。通过理性思维，我们知道两者之间不存在任何关系，可是对于这一点，群体却丝毫不关注，不在主客观上进行区分，经常弄混现实和幻想的区别。人在大脑中产生的幻想会被群体当作事

---

① 有很多例子都和轻易相信有关。这样的例子对在巴黎被围攻期间求活命的人来说，是极为平常的事情。就算一点烛光在楼顶闪烁，人们就会认为这是围攻者发出了信号，并立刻一同发起进攻。但实际上并不是这样的。那一点烛火在那么远的地方，谁能看见？假如他们略微思考一下，就不会犯下这样的错误。——原注

实，但两者关系极为疏远，其实只要观察一下就能发现。

对于自己亲眼看见的东西，群体会歪曲。从表面上看，群体的方式方法没有规律，显得非常混乱，好像是组成群体个体的爱好不同导致的。然而事实并非如此。群体之间是交叉感染的，到最后，群体中所有人的状态都一样，而且事情被扭曲为同样的。

因为感染接受暗示的第一步，就是群体中的某个个体第一次歪曲事实的时候。耶路撒冷圣墙上的乔治出现在了所有十字军士兵眼前，不过在这之前，乔治出现在那里的时候，肯定被在场中的一个人看见了。这一暗示迅速感染了所有人，如水波一样迅速在人群中蔓延开来，让在场的所有人没有思考的时间，很快就接受了一个幻想中的神迹。

历史上多次出现这种集体性的幻象，虽然它发生的原理一直没变。因为有千万人亲眼看到了这种现象，所以似乎所有人都应该相信这种幻象，并把它看作是真实存在的事件。

群体中个人的智力因素根本不重要，所以如果要对上面这种现象提出质疑，也不会考虑这种因素。不管是蠢猪还是智者，只要他们成为群体中的成员，他们的观察能力就消失了。

我好像说得非常不客气。想要消灭这种质疑，就只能研究大量的历史事实，如果不这样做，不管你写多少本书对其解释，也没人会相信你。

读者可能会觉得我这一观点是空穴来风，为了证明它的真实性，我要举几个随意挑选的事例。实际上，这样的事例有无穷多个。

最具有代表性的就是下面这个事例，因为集体的幻象，一个群体走向覆灭。这些人中有最渊博的，也有最无知的。这个事例出现在一本题为《海流》的书中，作者是一位海军上尉，名叫朱利安·菲利克斯，他是无意间说到这个事例的。这个例子也曾经被《科学》杂志引用过。

在外海航行的护航舰"贝勒·伯拉"号的任务是寻找巡洋舰"波索"号。一场暴风雨过后，两只军舰被冲散了。那是一个晴空万里的白天，一个士兵正在执勤，他突然看见远处的一艘船发出了求救信号。他顺着信号的方向看去，看到一艘船拖着一只载满人的木筏，所有的士兵都清楚地看见了。但其实这是一种集体幻象。上将德斯福斯想要去营救那些人，于是放下了一艘船。在就要接近目标的时候，船上的士兵亲眼看见听见了这样一幅景象：清晰的呼喊声，各种混在一起的声音，正在伸手求救的人，这些人还活着。就在靠近了遇难者时，船上的士兵发现什么都不见了，只看到了一些树枝，这些树枝上挂满了树叶，估计都是从附近的海岸一路漂过来的。这个时候，大家的幻觉才消失，这是非常明显的事情。

我们在前文曾提过集体幻觉的产生机制，这个真实的事例清楚地说明了这个机制。一方面存在某种暗示，放哨的士兵看见海上遇难的船发出了信号；另一方面，这个群体在遥望着，他们心中都有所盼望。当时所有的士兵，都通过交叉感染接受了这样的暗示。

亲眼看见与之无关的幻象掩盖住了事情的真相，看见的事实被扭曲。对于一个人数不太多的群体，就足以出现这种情况了。一个群体可能只需要几个人聚在一起就形成了。哪怕是非常博学的人，他们都有自己的特长，其他群体中出现的特点，也会出现在这些人组成的群体中。他们中的任何一个个体，都具有反思精神和观察力，成为群体后这些能力会立刻不见。心理学家达威先生非常机敏，他发现的一个案例非常有趣。我们要在这里进一步讨论相关的问题。这个案例在最近出版的《心理学年鉴》中也有所提及。一些杰出的观察家，在达威的召唤下集合起来，英国最有名的科学家华莱士①先生也在这里。达威先让他们观察一些物品，并根据自己的想法做标记。接下来，达威先生将灵魂出现的整个过程，也就是精神现象，在他们面前演示一遍，并请这些人记下这个过程。这些杰出的观察家们意见很一致，认为他们亲眼所见的都是一些通过超自然的方式展现出来的现象。达威先生告诉大家，只是使用了一个最简单的方法，就演示出了这样的结果。

"达威先生研究的结论中"，提供这份资料的作者说，"幻术再巧妙都不足为奇，而客观的观察者们提出报告的不真实程度却着实让人吃惊。"作者还说，"虽然有很多观察者，但是很明显，他们提出的事物关系完全不合常理。但如果认为他们做出的是基于事实的准确描述，那就不能说这种现象是幻术。这就是他们的结论。人们对达威先生首次采用的这种简单方法感到惊讶。但他有能力让大家相信，眼见并不一

---

① 指阿尔弗雷德·拉塞尔·华莱士（1823—1913），英国博物学家、地理学家、探险家、生物学家。他与达尔文同时代，两人同时递交过相近的论文，还曾加入过同一个由科学家组成的秘密俱乐部。他的"自然选择"理论与达尔文的演化论所研究的方向截然相反。——译注

定为实，也就是说达威有能力操控群体的大脑。"我们在这里所提到的能力，只不过是催眠师用在催眠者身上的方法。因此，哪怕一个人早就做好了怀疑的准备，他的思路无比清晰，但这种方法用在他身上也会成功。所以对于以下情况，我们不会感到奇怪：一个群体的成员本来就都是普通人，面对这种能力，这个群体就做出了错误的选择。

有很多与之类似的例子。当我在写这本书的时候，报纸上刊登了两个小女孩在塞纳河溺水死亡的报道，这篇文章非常冗长。目击者有五六个人，他们信誓旦旦地说自己认识这两个孩子，预审法官也不曾有所怀疑，因为所有证人的证词都非常一致。法官在死亡证明书上签字了。不过，在两个孩子的葬礼上，发生了一件偶然的事情。人们本来以为已经死去的两个孩子都没死。而且死去的两个孩子与这两人的外貌有很大的区别。第一个目击者被幻觉左右，其他目击者则在很大程度上受到了第一个目击者证词的影响。这个例子和前面非常相似。

在这类案例中，幻觉基本上源于人似是而非的记忆，并且形成某种暗示。最早出现的幻觉一旦被人们肯定，交叉感染便开始发挥作用。如果第一个目击者没有主动的思考，认定自己已经确定尸体的身份。此时，再加上尸体上呈现出的一些相似之处——不包括有实际意义的——比如一些着装上的细节、一块伤疤，人们很容易对他的判断产生认同感。这是确认过程的关键，这是产生认同感的基础。在幻觉面前，所有的判断力和理解力都失去效用。目击者看到的是自己脑中产生的幻象，而不是客观存在的事物自身。在报纸上，这样的事情简直不胜枚举，报纸曾经刊登过连母亲都认错自己孩子尸体的例子。其实，我们在一定程度上能理解这种现象。在这些情况下，一定能发现我刚才说到的两种暗示。

　　认出这个孩子的还有一个人，但他却认错了。然后又是一系列辨认过程，当然也都是毫无根据的。这时候发生了一件怪事。在同学辨识尸体的第二天，一个妇女突然大声哭喊："那是我的孩子，上帝啊！"

　　她走到尸体旁边，认真地观察死者身上的衣服，留意到他额头上有疤痕。她说："这就是我的孩子，我敢肯定。他一定被人拐卖并杀死了，去年七月的时候他就音信全无了。"

　　这名妇女姓夏芬德雷，在福尔街做看门的工作。她还叫她的表弟来，他说："这是小费里贝。"有好几个人也认为这个在拉福莱德找到的这个孩子就是费里贝·夏芬德雷，他们都是住在同一条街上的人。这些人中有一个根据尸体戴着的徽章认定，他和死者是同学。

　　不过，这些人都错了，不管是母亲、表弟还是同学。孩子的身份在六周以后被确认。他是一个波尔多人，在那里被杀害并被运到了巴黎。①

妇女和儿童最容易被别人的想法影响，所以一般这种错认事件都发生在他们身上。我们由此可知道，如果到了法庭上，这些目击者有怎样的价值。我们决不能相信儿童的证词，这一

① 载于1895年4月21日的《闪电报》。——原注

点要特别提出。有些地方管理人员就愿意听信儿童的话，觉得童言无忌。如果他们有一点点心理学知识，就应该知道儿童始终在说谎。这一点并不如他们所愿。儿童的言辞不实，鉴于这样事情非常常见，因此相比于以儿童的证言决定被告是否有罪，我认为更合理的做法反而是用抛硬币的方式决定是非曲直。

群体观察力的问题，是我们接下来要讨论的问题。我们的结论是，群体的观察经常是个体的幻象，所以它经常犯错。在感染的过程中，这种幻觉经常对群体中的其他人造成深刻的影响。群体的证词是不可信的，很多例子都说明了这个事实，我们应该清醒地看到这一点。我们很难想象它有多么不可信，估计已经到了最不可信的程度。在25年前的色当战役中，加入著名骑兵队伍中的人有成千上万。不过，我们现在根本不知道谁是这场战役的指挥者，因为目击者的证言都是相互冲突的。一位英国将军沃斯里爵士，在他最近的一本书中写道，影响滑铁卢战役中的关键事件中的根本性错误，直到现在还有人在犯。曾经有数百人证明，这些实质性的错误是真的。①

---

① 我们会知道哪些原因引发了一场战争吗？我相信知道这一点的人并不多。哪一方是侵犯者，哪一方是被侵犯者，我们能分辨这个就算是了不得的了。曾经参加过索尔菲利诺战役的德哈库特先生，是整个战役的亲历者。他描述道："将军们在征询了几百名目击者的意见后，提出战斗方案。文件送到了勤务官那里修改。勤务官修正了以后，呈现出他认为的最好理解、最精确的文字。然后还要让参谋长审核。参谋长提出了新观点，方案已经发生翻天覆地的变化。最后，元帅还要看一遍。但没人能想到，看过文件以后，元帅提出'没一个人是正确的'。然后又开始重新制订方案，又产生了一份新文件，但此时已经找不到最原始报告的痕迹了。"虽然德哈库特的本意只是要叙述一次战役，但其实这样的现象在战争中非常常见，几乎所有的战役中都会出现。找到一件事的真相不容易，德哈库特的论述正说明了这一点。换句话说，就算你已经做了最认真的观察，就算你的记忆还非常清晰，你也不一定能找到事实。——原注

我们从这些事实中认识到群体证词到底有怎样的价值。如果有大量证人支持一篇讨论逻辑学的文章,那么它就能作为证明事实的依据。然而,真的是这样吗?再次审视我们对群体心理学的认识,就要对这一点重新认识了。某件事,参与的人数越多,被怀疑的程度就该越重。假如有几千目击者同时说看到了一件事,那么这基本说明,事实真相和大众的言说相差甚远。

我们可以从上面的例子中得到一个确切的结论,历史著作都源自于想象。它对事情的记载是没来由的,它对事物的观察是错误的,其中得出的结论,还有阐释,其实有很大一部分是主观因素。浪费时间写出这种作品就是对生命的浪费。我们之所以还能看见真相,是因为历史为我们留下了艺术、文学和永垂不朽的作品。诸如穆罕默德、释迦牟尼和赫拉克利特等伟人,都在人类的历史上产生了很大的影响,我们对他们生平事迹的记载有哪句是真的?很可能都是假的。但是否真实地记录了他们的生平,这对我们来说影响不大,这才是真实情况。我们想知道,在人民群众的神话中,这些伟人的形象是怎样的,这才是最重要的。现实生活中的英雄不能打动群体的内心,但神话故事中的英雄却能打动。

在文献中,神话故事被当成事实记录下来,但不幸的是这些故事总是多变的。随着时间的流逝,群体的想象力不断地使它们发生变化,尤其是种族的兴旺衰亡起到了一定作用。耶和华在《旧约》中残忍冷漠,完全不同于圣德肋撒所爱的上帝。印度人崇拜的佛祖,中国人五体投地叩拜的佛陀,它们之间没有多少共同之处。

群体想象力的不同，会导致讲述的英雄神话有所不同，这样我们的生活就距离英雄越来越远。有的时候，只用几年时间就能看见这种变化，都用不了几百年。这个时代属于我们自己，但我们看到在历史上能列为最伟大人物的神话，在不到50年的时间内，已经发生了多次改变。在乡村群众的记忆中永垂不朽的拿破仑，只是诗人眼中的英雄；在波旁王朝的统治下，拿破仑是一个慈善家，他是自由的、朴素的，是卑贱者们的朋友。他是一个平和而有力量感的英雄，但过了30年以后，他摧毁自由、谋取权力，成为一名杀人不眨眼的暴君。只是为了满足自己的私欲，他就做出了这一切，甚至还使300万人丧命。现在，在我们的环境下，这个神话又发生了改变。就好像现在的一些人在怀疑释迦牟尼一样，估计几千年以后的学者会怀疑这个时代是否存在过这位英雄，他们可能会感到矛盾。将来的人在他们身上可能只看见一部赫拉克勒斯①式的传奇，一个离奇的神话。在他们心中，肯定不愿节外生枝，宁愿相信这些描述。可能，他们对群体的心理状态和特点的理解，要比现在的我们更加深刻。他们知道，除了神话以外，群体会摧毁一切，历史只能留下有限的痕迹。

---

① 希腊神话中的英雄人物。他的母亲是忒拜王安菲特律翁的妻子阿尔克墨涅，父亲是天神宙斯。他的出生遭到宙斯妻子赫拉的憎恶，赫拉给他定下十二项不可能完成的考验，他历经磨难最终完成所有任务，获得众神的认可。这就是著名的十二伟业。——译注

（3）群体情感的夸张与直率

夸张和过于简单是群体感情最明显的特征。总之，群体中的个人都极其类似原始人，不管群体表现出好的还是坏的感情。因为，原始人并不会细分事物的区别，而是把它看成一个整体，他们经常忽视事情的中间状态。群体的夸张趋向因为这样的事实而被强化，再加上感染和暗示，群体一旦表现出某种情感，这种情感就会很快扩散开来，从而明显增强该情感明确肯定的那个对象的能力。

群体情绪的夸张和简单化可能会导致这样的结果：一群人不去肯定什么，也不去怀疑什么。他们就像女人那样走向极端，不管什么时间和地点，一旦宣布了某种质疑，这种质疑就会立刻变成无需争辩的证据。就算是个体也不会表现出某种反抗的力量，哪怕他并不情愿或者并不支持。然而如果是群体中的个人遇到了这样的问题，他就会立刻变得非常狂躁。

当责任感消失时，群体感情的暴力倾向会得到强化，特别是在混合性的群体中。当知道自己必然不会受到惩罚时，人们所激发出的力量感使群体做出的某种行为或产生的情绪，是作为孤立的个体绝对不可能出现的，在人特别多的群体中尤其明显。这个时候我们非常明显地看到了群体的暴力特点，群体中的嫉妒者、无能的人、蠢笨的人，都会从自己的无力感和卑贱感中挣脱出来。一种禽兽似的感觉会占领他们的内心，这种力量非常强大，虽然持续时间并不长。

非常不幸的一点是，群体的夸张趋向往往在卑鄙的情感上作用明显。祖先们的本能是这种情感的来源，经过了多少世代的遗传，我们的身上还保留着这些特点。一个人作为个体时，如果还有责任心，那么他会担忧受到惩罚，所以会约束这种情感。但群体不会有这些顾虑，因此往往轻易就引发最坏的结果。

不过群体还会表现出最崇高的美德、献身精神和英雄主义，这种影响力需要通过迂回的视角才能看见。相比于单独的个体，群体可能会更容易表现出这些特点。我们将要讨论群体的道德，届时将对这个问题做出回答。

群体经常夸大自己的情绪，所以只有极端的感情才能够触动它。一个演讲者必须要斩钉截铁，使用没理也要强三分的方式，才能使听众触动。最经常使用的方式就是预测和夸张，还有不断重复。面对群体，有理有据的证明不起任何作用，最不可取。以上都是些辩论技巧，是在面对众人演讲时经常使用的。

另外，一个群体同样希望能够夸张地表现自己英雄主义的情感。其实，英雄所表现出的美德和品质总是被夸张。我们在现实生活中，无法找到观众所要求的舞台上那些英雄所具有的优秀品德和勇气。

剧场中上演的事件，在我们眼中视角非常独特。很明显，这是非常重要的。存在这样的视角是必然的，因为在很大程度上，它的规则和常识与逻辑没有任何联系。只有那些低劣的作品，才能够吸引观众的目光。不过，这需要一种特别的天分。一般我们是不能够通过阅读剧本来断定某出戏能不能取得成功，剧院的负责人在拿到作品的时候，一般也不能够准确说出这出戏能不能够取得成功，他们一定要把自己放在群体性质的立场上才能够做出决断。①

另外，群体还有一个特点，种族的因素占据了主要地位。我们可以用一个更宽泛的解释来说明，一部歌剧在一个国家取得的成功可能不大，或者没有成功，或者反应不强烈，但在另一个国家的民众中，却激起了强烈的激情。对于第一个国家来说，这部歌剧自身并不具备影响公众的能力。

群体有夸大的特点，这种夸大对智力没有作用，但能左右情绪。我们要补充说明这一点。我们已经提出，只要成为群体中的成员，一个人的智力水平就会马上下滑很多。一个非常博学的地方官员塔尔特先生，对犯罪进行了研究，他证明了这个论点。群体能够把热情降到冰点，或者完全相反，把热情升到沸点。

（4）群体的保守、专制和野蛮

群体的感情只可能是偏颇又简单的，群体对输送给他们的信念、想法和观点向来是一刀切的态度，要么奉为圭臬，无条

---

① 我们很清楚，剧院的负责人一次又一次地拒绝演出一些杰出的作品。有一天，这部作品突然被搬到了舞台上，并取得了成功，这真是出乎人们的意料。比如巴黎的大部分剧院，在十多年内都拒绝演出科佩的《荣耀使命》，但这部剧最终的成功却令人感到震撼。当然，起作用的还有作者的名声。再比如，曾经也有很多剧院拒绝演出名叫《夏雷的姑妈》的歌剧。后来，它被一名股票商人看中了，商人愿意为其投资，观众才得以欣赏到这部剧。这部剧竟然在法国演出200多场，这倒是让人震惊。它在英国演出1000多场，可见在英国更受欢迎。最有资格判定一部歌剧是否优秀的人，就是那些剧院的负责人，他们担忧自己会出错，最终他们确实出错了。这究竟是为什么？我们恐怕只能借助上面的论述——即观众不能等同于剧院负责人，才能理解这件事。不过，我们不应该在这里深入地讨论这个问题。假如那些作家熟悉心理学的知识，加上他们熟悉剧院的行为方式，那么作家才应该是讨论这个问题的人。——原注

件全盘接受，要么认为没有任何可取之处，都是胡话，全盘否定。总会遇到这样的事情，尤其是某种观点不是通过理性的推断得出的，而是通过暗示的方法引出来的。对于这样的偏颇，我们都非常明白，它在人的大脑中蛮横地占据着统治地位，与宗教信仰相伴相随。

其实，群体也在怀疑，什么是错误，什么是真理。然而，它们也能够清醒的认清自己的力量。因此，对于自己的独裁和激情，他们总是加上权威的印记。接受并讨论反对的意见，对于个体来说是可能的，但对于群体来说却是不可能的。演讲者在公众集会的时候，哪怕只是和公众有些细微的不同意见，也会招来憎恨和粗暴的咒骂。假如演讲者还要坚持自己的观点，那么驱赶和殴打将会接踵而来。很明显，如果当时没有一个权威的代表（他可起到约束的作用），那么反驳的人可能会面临死亡的境地。

所有类型的群体，都具有专制和蛮横的特点，只是程度有所区别罢了。对于这个问题，种族基本观念的重要性再次显示出来，也就是说人的思想和情感是由种族控制的，尤其是在拉丁族的群体中，专制和蛮横的程度让人难以想象。盎格鲁-撒克逊人的个体独立精神本来是非常强烈的，但由于拉丁民族的独裁和专横，这种精神已经被完全破坏了。拉丁民族所关注的独立，只有自己所在的群体的集体独立性。他们想让那些与自己观点不同的人，全部赞同和服从自己的观点，这是他们眼中的独立的一个特点。从宗教审判的时代之后，在拉丁民族中各个时期的雅各宾党人，看待自由的态度都是相同的。

群体明确地认识到，独裁和专断是一种剧烈的情感，也是一种非常容易形成的情感。当他们被强加了这种情感时，会很愿意屈从，并变得行动力超强。面对暴力，群体表现顺从，乐见其成，可是面对仁慈，他们却很少受触动，因为仁慈在他们眼中，不过是懦弱的另外一种表现。那种温声细语的人并不会得到他们的同情心，只有那些压榨他们、无所不用其极的暴君，才会得到他们的同情心。然后，群体还要为这些人树立起雄伟的雕像。而当那些专断的暴君倒台以后，群体又会兴高采烈地羞辱他们，鄙视他们，因为这时候的暴君只是个普通人，已经不让人感到恐惧了。在人民的心中，英雄的代表永远是凯撒似的人物，民众会受他的权势威慑，被英雄的徽章吸引，在他的剑面前感到恐惧。

在强权面前，群体表现得摧眉折腰；但是对于欺凌弱小无力的人，他们却随时都做好了欺负的准备。群体在接连不断的强权面前，总会忍受着极端的情绪，他们从违法乱纪到奴颜婢膝，又从奴颜婢膝到违法乱纪，总是反复摇摆，首鼠两端。

如果你认为是革命的本能在群体中起了决定性作用，那你就没有真正地理解群体的心理。因为群体是暴力的，所以我们会这样误解。群体爆发出的破坏性和抗拒是非常短暂的。无意识的因素基本完全控制着群体，所以在长久形成的世俗力量面前，群体容易表示顺服，而且还非常的保守。假如我们任其自流，那么他们很快就会转向奴性，因其对混乱的秩序感到厌烦了。拿破仑的铁腕伸向所有人，掌握了所有的自由，此时曾经最狂妄和最不驯的雅各宾党人，则改变本性，热情地欢迎他。

群体的保守本能是非常严重的，如果你不能认识到这一点，就很难理解历史，特别是群众性革命。事情确实是这样的，他们希望朝代的更迭，并且有能力促成这种更替，所以暴力革命经常会发生。但是种族需要世代传承，这是制度本质的一种表达方式，所以它们不可能总是被保护。

群体向来都是变化无常的，只不过这些变化都是表面上的，事实上，它们的本能是保守，因此如原始人一样，将传统视为神圣不可侵犯的。它们无条件地尊重所有传统，坚守迷信，而下意识里害怕抗拒任何新鲜事物，因为接受新的事物就意味着改变，而它们害怕改变。假如过去的民粹分子如今天一般手握权力，蒸汽机、纺织机可能不会被发明出来，铁路可能也不会普及，最起码也要付出多次大规模屠杀和革命的代价才能实现。不过在文明进步的大道上，改变人类的发明创造和工业生产，在权力落入群体之手以前就已经产生了，这真是万幸啊。

（5）群体的道德标准

毋庸置疑，如果道德的定义是长时间内尊重一定的社会习俗，并且能够抵制私欲引发的冲动，那么我们就可以认为，群体根本没有道德可言。因为群体趋向于变化无常和冲动。相反，如果我们认为道德的内涵是极端时刻表现出来的特性，比如乐于奉献、舍身忘我、追求平等、忽略名利等，那么我们就必须承认，群体表现出的道德水准还是很高的。

　　研究群体的心理学家本就少，而这些人关注的还只是群体的犯罪行为。他们发现群体经常会犯罪，所以认定群体的道德水平很低。

　　当然这种情况是存在的，那么为什么会这样呢？野蛮和破坏的欲望是一种原始的本能，通过遗传留在了我们的血液里，存在于每个人的潜意识里。这是一种非常危险的本能，因此生活中，个体是不可能任它左右自己的。然而，当一个人加入到责任感淡漠的群体中，就会充分展露本性，任这种本能肆虐，因为他认定自己不会受到惩罚。在生活中，同样不可能任别人将这种破坏的欲望加之自身，于是，他们找到了动物这个发泄的对象。在捕猎的时候，群体表现出的残忍和激情，实质上就是这种本能。对于弱小的被俘者，群体采用的方式往往是一点点的折磨，直到他们死去，这种手段非常残忍，但也显露出懦弱。不过在哲学家看来，几十个猎人盯上一头倒霉的鹿，用猎犬对其进行围捕，这种残忍与对待弱小被俘者的残忍关系非常密切。

　　一个群体能做到不计名利、牺牲自我、舍生取义等个体根本做不到的高尚行为，但群体也是作恶多端的。群体中的个人经常被荣誉、名声和爱国主义的大旗影响，这种影响足够让他们不怕死亡。比如，1793年的志愿者或者十字军远征的故事，在历史上这样的事情非常多。伟大的献身精神只可能出现在群体中，人们可以为了献身而放弃名利，群体可以因为自己的信念、理想，而做到抛弃生命在死亡面前无所畏惧。有很多这样的例子。人们可能为了增加工资、维持开销而举行游行示威，但最初的时候，肯定是有人振臂一呼，于是应者云集。为了个人利益是单独的个体采取某种行为的唯一目的，不过这个目的很难成为群体运动的推动力。人们很难理解的战争非常多，个人利益绝对不是操控群体行为的原因。人们在这样的战争中，愿意抛头颅洒热血，乃至展开大屠杀，但这个时候的所有人就像是被猎人催眠了的小鸟。

这种情况也经常出现：组成群体的是一群穷凶极恶的歹徒，其中的个体也会表现出严格遵守纪律，有道德的一面，不过是短时的。个人利益无法打动群体，泰纳曾举出一个事例可以证明此观点。这是个很典型的事例：在9月大屠杀中，那些暴徒把钻石和钱包放到了会议室的桌子上，这些钻石和钱财都是他们从受害者身上抢掠来的。其实，就算他们把这些东西放到自己腰包了，也不会受到责难，但他们没有这样做。在1848年革命期间，杜伊勒里宫被人攻占。皇宫里面的随意一件东西都可以让人们在很长一段时间内衣食无忧，可是人们并没有拿走这里的任何东西，虽然看到这些东西他们可能会心情激动，但人们只是在里面匆忙地走了一遍。

群体中的个体，可能会受群体的影响，道德水平得到提升，尽管这样的事例也是不胜枚举，但是其实这种状态并不是常有的。其实，在一种并不像我们刚才说到的那么残忍的环境之下，也就是一种宽和的环境下，这样的事也是时有发生。我们在前文曾提到，剧院里的观众对台上的作品有自己的期望，希望英雄具有遥不可及的道德品质。总的来说，我们能够看到，在某次聚会上人们都表现得道貌岸然，但他们的品德可能非常低下。即便是一个依靠娼妓生活的皮条客，一个浪荡的人，或者一个极其粗蛮的人，当他们进入某种危险的谈话或者是情形中时，也会突然变得和风细雨。相比于他们习惯的说话方式，这种情况对他们并没有什么不利影响。

群体总是偶尔地树立起伟大的道德规范，尽管破罐破摔屈从于低下的本能才是常态。假如，面对或真或假的理想，放弃自我，全身心投入、追逐，也算是美德，那么这种美德是群体一直都具备的，而且其道德标准之高，甚至连最贤能的哲学家也不一定达到。他们在践行这些美德时是无意识的，这一点毋庸置疑，虽然这并不是最重要的。群体无法进行理性的思考，他们被无意识的因素控制着，我们不应该对此有太多的埋怨。在非常时期，如果他们只看到自己的直接利益，对此锱铢必较，那么文明将不会在地球上扎根，人类历史也无法延续。

3. 群体的观念、推断力和想象力

（1）群体的观念

附庸观念和基本观念　互相矛盾的观念共存，为什么会这样　要转变高人一等的观念，才能获得群体的认可　观念对社会的影响力与观念所囊括的真理程度无关

（2）群体的推断力

理性思考不能打动群体　群体的推断力非常有限群体只接受传承下来的，或是表面相似的观念

（3）群体的想象力

群体想象的力度　群体通过无逻辑关系的形象思维思考　奇迹容易触动群体，文明的真正根基是奇迹和神话政治家权力的根基一直都是大众的想象力　事实证明群体的想象力能被刺激

（1）群体的观念

每一个文明都是由少数几种基本观念生发出来的，而且这几种观念基本不会发生变化，在前面我们提到的一本著作，是

关于观念在各国的发展中起到的作用，已经对其进行了论述。对于这些观念是怎样被群体接受的，接受过程的难度有多大，以及最初被抵制的观念，一旦被群体接受会爆发什么样的能量，我们已经讨论过了。最后我们发现，历史上的动乱都是由这些观念的变化引起的。

对于这个问题，我们已经用了充足的篇幅来讨论，所以我们并不打算在这里赘述。什么样的观念能为群体接受，以及接受这些观念的方式，我只想就这一问题做些简单的讨论。

这些观念基本可以分为两种：一种是偶然的、附庸的观念，这些观念是被短时的因素刺激产生的，比如，那些爆发力很强，但持续时间很短的情感观念，它们会直接对个体或理论产生影响；第二种可以说是基本观念，它们几乎是一成不变的，因为它们根基深厚，受遗传、环境和公众支持。今天的社会民主，曾经的传统宗教信仰，都属于这种观念。短暂的观念就像是那些小浪花，它自身并不那么重要，而且变化多端，不过却跳跃在河流的表面。相对于河流来说，它们是非常明显的。第二种观念则像是一条大江，非常庞大，慢慢地在惯有的河道中流淌。

今天，一些非常重要的基本观念，已经失去了自身的稳定性，正在一点一点地倾颓，以它们为基础的制度也因此受到冲击，变得风雨飘摇。在我们父辈的眼中，这些基本观念可是社会的支柱。与此同时，每天都会有很多新兴观念产生，就是影响力小，存在时间又短的那些，不过它们并不重要。

某种观念在群体中一定要是强势的、绝对的，才能够具有实际的效果，同时这种观念的形式一定是最简单的。它们出现的方式是具体的，只有这样，群众才能够接受。就好像用在幻灯机上的幻灯片一样，操作者可以一一取出来，并且叠放在一起，那些位于概念之间的各种意象在逻辑上并不是连续的，也并不相像，它们能够取代彼此。这个事实能够说明，为什么群体中能同时存在最为矛盾的观念。有些偶然的现象会刺激群体的理解力，让他们接触到不同的观念。接受这些观念，群体的表现可能突然反转，做出和之前的行为完全相反的举动。在群体中，批判精神是完全缺失的，所以对于这些明显的矛盾，它是不会承认的。

　　并不是只有群体才存在这样的现象，在很多独立的个体中，比如狂热的宗教分子，在智力上近似原始人的野蛮人，这种现象也非常常见。让人惊讶的是，包括那些接受过欧洲高等教育，获得文凭，且本身也比较有修养的印度人，也会有这种现象。在他们心中，传统观念相当顽固，根基深厚，而西方的观念附属在传统观念之上。在不同的情形下，这两种观念会随机展露，使他们的言行举止看起来有些怪异。不过，这其实是一种表象，并不是一种真实的矛盾。因为，某种观念只有在世代沿袭的情况下，才能对孤立的个体产生足够的影响，成为他行为举止的准则。当一个人的婚姻跨越了不同的种族时，他就会置身于不同的传统之中，矛盾冲突就会体现在他的行为中。在心理学上，这是一些非常重要的现象，不过，在这里我无意过多地对此进行讨论，因为没有意义。在我看来，至少要用10年的时间进行学习和研究，才能够掌握它们的本质。

群体容易接受形式简单的观念，所以要想让人们接受，就要对思想进行一番全新的加工。群体的理解水平有限，为了易于它们理解，那些深奥难懂的哲学或科学思想被进行了何种程度的加工。这些加工往往要考虑到群体或种族的特点，但是总起来说，让思想观念变得简单明了、通俗易懂是统一的趋势。由此可见，在社会范围内，思想领域并不存在等级制度，也就是说观念基本没有什么高低之别。在群体能够理解一种思想的伟大或者高深的特点，并受到了影响时，这种伟大或高深就不再存在了，不管这种思想在刚开始出现的时候是多么正确、多么玄奥。

另外，从社会的角度出发，给一种思想观念划分等级，并没什么意义，不过我们还是不能忽略它，因为它会产生实际的影响。有很多观念都并没有多不凡，比如现在的社会观念，18世纪的民主观念，还有更远的中世纪时期的基督教观念。从哲学的角度来看，这都是错误的，在某种意义上让人感到遗憾。但是不管是过去还是将来，它们都是万能的，是各国制定政治方针时不得不考虑的基本因素，这样的情况以后还会持续很长时间。

我们甚至可以说，要想让群体愿意接受某种观念，就必须对其进行完全地改造，并让它渗透到无意识领域中，成为一种情结，这个时候，该思想才能够将自己的影响力发挥出来。不过这个过程涉及很多步骤和细节，而且需要花费相当长一段时间，我们会在其他地方进行深入研究。

我们万万不能有这种想法：在有修养的人的大脑中，某种思想观念会因为自身的正确性而产生实际性的影响力。对于大部分人来说，最清楚明显的论证是没有什么价值的，如果你对这种情况有所关注，就会认识到我说的是事实。即便证明本身清晰准确，受过教育的人很容易接受，不过无意识很快就会占领那些疯狂的皈依者，使他们再次坚持最开始认定的观念。用不了几天，他们就会故态复萌，重复着原来的话，不断阐发过去那套说辞。这说明，过去的思想观念实际上还对他们有一定的影响，它们已经成为一种感情或情绪。我们的行为和言语也正被这些思想观点影响，因此会有些匪夷所思的举动。而对于群体来说，这种情况也是必然的。

抵抗这种观点是没有任何用处的，因为这种观点通过各种方式占领了群体的大脑，并造成了各种影响。群众用了将近100年的时间，才深刻领悟到了引发法国大革命的那些哲学观念。大家都知道，一旦某种观念在人的内心深处生长，它将产生无法抵抗的能量，整个民族都会为了实现理论上的权力、理想中的自由、社会的平等，而不断的抗争和努力。整个西方世界都因此而进入严重的动乱中，所有的王权都开始倾颓，各个国家在20年内都一直处在动乱之中，欧洲甚至出现了大屠杀，估计连成吉思汗看了以后都感到震惊。只是一种思想观念，它出现了，传播开来，最终竟引发了这么大规模的苦难，这在世界上还是头一次。

要在短时间内将观念扎根于群体的内心深处，是根本不可能的，而想要将它们连根拔起也绝不是件容易的事，恐怕需要花费很多的时间。正是因为如此，和博学的人或者是哲学家相比，群体的观念往往非常陈旧，需要过滤掉几代人才能赶得上。现在所有的政治家都非常清楚，那些他们必须要遵循的统治原则以及其中蕴含的真理，根本不能让他们自己信服。这些基本观念有着非常强大的影响力，尽管其中混杂着我们前文提到的各种错误。

（2）群体的推断力

理性推断对群体完全没有影响力，或者说群体根本不会理性思考，这样的说法太绝对了。

不过，从逻辑的角度来看，能够对群体产生影响的论证，以及群体所接受的论证，都属于等级非常低的一种，某些比喻就被他们看作了是推断。

高级的推断力需要和观念联系在一起，群体所具备的推断力比较低级，但也与之相似。不过在群体中，这些观念之间的联系，不管是关联性和相似性都是表象。群体的推断模式和爱斯基摩人比较相似，经验是推断的源泉，透明的物质冰放在嘴里能够融化，所以玻璃这种透明的物质放在嘴里也可以融化；抓到勇猛的敌人就吃掉他的心脏，觉得这样能使自己得到他的勇气，这有点像未开化的人；他们出卖劳力，受雇于雇主，承受着剥削，于是认为世上所有的雇主都在剥削他们。

在推断的过程中，群体的特点就是，将表面上相似的事物联系起来，然后将这种推而广之，应用到所有事物上，其实这些事物并没有本质性的联系。有些人懂得怎样去控制群体，他们就把这样的论证提供给群体。群体完全不能够理解一条符合逻辑的论证线索，也正是因为如此，我们可以说它们的推断是错误的，或者说它们不懂得推断，甚至在推断的过程中并不受影响。你可能经常会发现，在演讲的过程中，讲词的逻辑是非常薄弱的。但是对于那些沉迷其中的群体来说，它的影响非常巨大，人们可能忘记了这一点，演讲词并不是写给哲学家去思辨的，而是用来说服群众的。假如某一个演说家和一个群体的关系密切，那么在这个群体中，他可以将自己打造成一个极具影响力的符号，成功地做到了这一点，他就可以对这个群体为所欲为。假如有一部长达20卷的长篇巨著，但内容只有反思，那么这部巨著的感召力和说服力，甚至没有几句口号来得强。

在推断方面，群体没有任何能力，所以它们与批判精神无缘，准确来说，对于任何事物，它们不能识别真伪或者做出正确的决断，更不能进一步地对事物的必要性进行阐述。群体乐于接受强加给它的结论，而不是反复讨论得出的结论。对于这一点，很多个体，也不比群体的水平高多少。大多数人都没有自己个性化的想法，也无法推断出个性化的见解，基于这一特别的现实，有些观点在群体中能轻而易举地得到认可。

（3）群体的想象力

群体的想象力丰富而又强大，这一点和推断力不足的人非常类似。而且，群体的主动性非常强，不管是什么意象，都能刺激它们的想象力。在他们的大脑中，一个事件、一个人，或者一次意外的事端，都能立刻产生非常清晰的影像，就像他们目睹了一切。从这一点上来说，群体就像是一个人在做梦，此时的他不具备理性思考的能力，大脑中只有一些生动的幻想。不过，只要稍加思考，这些幻想就完全经不起考验。一旦失去推断力和理性思考能力，群体就会产生一种错觉，觉得自己是无所不能的。一般来说，他们认为最难以企及的事必然是惊天动地的，所以能被群体接受传播的都是些奇闻怪谈。其实，只要好好梳理一下，你就会发现，文明的支柱其实正是这些神奇的传说和奇迹。从历史上可以发现，现实的因素总是没有非现实的因素重要，真相起到的作用总是没有表象大。

只有形象能够影响一个群体，一个群体只能通过形象思维进行思考。群体被形象震撼了，他们被深深吸引了，于是乎形象成为群体行为的动力。

戏剧总是对群体产生非常重大的影响，其原因也正在于此，他们可以通过非常明晰的方式表现出其中的形象。在众多古罗马群众的心中，拥有了面包和精彩的演出就获得了完美的幸福，此外，没有什么别的了。这种理想持续了好长时间。对于群众的想象力，戏剧起到了一定的刺激作用，其他因素都无法与之相比。在同一时刻，所有的观众都沉浸到同一种感情中。不过，观众自己也知道，那个传奇故事只是想象出来的，不管他怎么为之欢笑，为之流泪，这些事也不会发生在他的身上，所以他不会行动起来，去做戏剧中的事情。不过，有时，这种因为暗示而产生的情感太过强烈了，让他们激动地想要自己去付诸实践。这类似于暗示起到的基本作用。一场沉重的演出结束后，饰演坏人的演员必须被保护着离开剧场，因为剧中的恶行只是想象出来的，但是有的观众还是因为叛徒的罪行而感到气愤，甚至对扮演者发出猛烈的袭击。这样的事，在大众剧院经常发生。在这里，我认为我们看到了最明显的一个群体心理状态的特点，特别是能够看到群体心理是怎样被影响的。似乎非现实的因素和现实的因素对他们的影响同样大，他们区分不出现实与想象的区别。

群体的想象力，是国家的实力，是侵略者能力的基础。一定要在想象力上努力，才能够实现对群体的领导。三大宗教——伊斯兰教、基督教、佛教的兴起，法国大革命，宗教改革，以及在我们这个时代，社会主义异军突起，所有这些重大的历史事件，都是因为群体的想象力受到强烈的刺激而间接或直接导致的。

另外，包括最独裁的暴君在内，所有国家，所有时代堪称伟大的政治家，都能认识到群众想象力的重要性，把它看作是权力的根基，要实现统治，他们从来不会使用抵抗群众的想象力来实现。拿破仑对国民议会说："我让自己成为一名天主教徒，于是旺代战争①结束了；正是因为绝对拥护教皇权力，我取得了意大利神父的支持。正是因为成为一名穆斯林教徒，我在埃及得以立足。假如我们想统治一个犹太人的国家，我同样会为所罗门修建庙宇。"亚历山大时是这样，恺撒时是这样，估计以后也是这样，所有的伟大人物想的都是去给群众的想象力添柴加薪，而不是去打压它。取得胜利了，要进行大规模杀

---

① 旺代战争是指1793年发生在法国西部，以旺代省为中心的一场保王党反革命叛乱。1793年12月，保王党在萨弗奈之战中败北，这场叛乱宣告结束。——译注

戮了，要进行演讲了等等，做任何事时，他们都心心念念地想着要激发群众的想象力，直到他们就要死的时候，仍然不忘这一点。

怎样才能激发群众的想象力呢？这是很讲究的，仅依靠推断力或者智力，又或者通过辩论的方式，是无法达到目的的。安东尼能够调动群众去反对谋杀恺撒的人，并没有使用冠冕堂皇的修辞手法，而是手指着恺撒的尸体，向群众公布恺撒的遗愿，事实证明这个做法很成功。

不管刺激群众想象力的东西是什么，它都表现出令人震惊而明显的形象，比如说一场艰难的胜仗，一个崇高的希望，一个滔天的罪行。这些例子的共同点是，没有其他多余的解释作为附属，又或者伴随着一些反常规的神奇现象，而且它们的源起必然是神秘的，展现在众人面前时，它就是铁板一块。群众的想象力不可能因为成千上万次的小事故，或者小罪行而被触动，但是一个大型事故，或者一个大的罪行，也许造成的恶果其实比千百次小罪行下小得多，但是却能让群体印象深刻。几年前曾暴发了一次传染性感冒，光巴黎就有5000人丧命，不过，这样的事刺激不了群众的想象力，因为尽管这是真的，规模也很大，可是它却没有一个具体的意象，只有一些每周都发布的死亡人数统计。如果发生了一个意外事故，比如埃菲尔铁塔突然倒塌，这个事故一天之内通报的死亡人数哪怕不是5000而是500，那么这件事就足以刺激群众的想象力，成为社会的热点。一艘轮船在横渡大西洋时沉没，由于得不到确切的消息，人们可能有一星期的时间都在热议这个事故。不过根据官方的统计数据，仅在1894年，就有203艘汽轮和850艘游船沉没。虽然这些事故不断地发生，但群众却从来没有关注过，其实相比于大西洋航线上的损失，这些事故造成的生命财产损失更加严重。

　　不过，影响群体想象力的是事实引起人们注意的方式，而不是事件本身。假如一定要让我表明自己的观点，那么我认为非常有必要对它们进行提炼。也正是因为这一点，它们所形成的意象会让人感到震惊，思想观念在臆想中充分地体现出来。对影响群体想象力的技术有一定了解，也就抓住了控制他们的方式。

4. 群体的宗教信仰

　　　　宗教感情的目的　　无限制的神灵膜拜　　它的各种特点　　采用宗教形式造成了绝对相信　　多种多样的事例　神灵在大众心中始终存在　　宗教感情恢复的新形式　　无神论的宗教形式　　在历史上这些观点有多重要　　圣巴多罗买大屠杀、宗教改革、恐怖时期，以及重大的历史事件，都不是单独个体意志的结果，而是群体宗教情感引发的

　　下面这些事实都是我们已经讲述过的：群体对待观念要么是全盘拒绝的，要么是完全接受的，群体丝毫没有理性推断。理性的思考已经被对群体施加影响的暗示吞没了，而且是全军覆没，这使得群体变得雷厉风行。当群体受到程度恰当的影响时，就会遵从自己的理想，并为其献身。我们也发现，群体的情感只会有疾风骤雨且极端一种表现形式。当仇恨被激发，因同情而焕发的崇敬之心，立刻就会变得毁天灭地。这是群体的普遍性表现，也是群体信念的本性。

　　如果更加具体而深入地观察这些信念，我们就会更加清楚

的看见以下事实：在政局动乱的时代，在宗教信仰疯狂的年代里，比如在18世纪的环境下，群体的情绪模式总是非常特别，我们称之为宗教情感，因为我找不到更好的名字了。

这种感情具有非常简单的特点，比如害怕决定生命存亡的力量，制造一个偶像去崇拜，盲目服从它的命令，对信条绝对认同，放弃自己的意愿，对于那些不遵守教条的人，都视如仇敌。这些感情的对象，可能是一块石头或者一根木头、一个无形的上帝，也可能是某个政治观点或者一个英雄。只要以上特征具备了，它就具有了宗教的性质，当然，这其中一定也混合了一些神奇和超自然的因素。群体会自然而然赋予他们的领袖或者某种政治模式一种神奇的力量。在一个特殊的时刻，他们的激情便能够因此被激发出来。

如果一个人对一个神灵只是信奉，那么他距离绝对的虔诚还非常远。但是，假如他对某个人或者某个事业，毫无保留地奉上自己内心的狂热、所有的意志，以及所有的思想，并且把这个人或者这项事业当作自己行动和思想目标的导师，那么这个人才称得上虔诚。

与宗教感情相伴相随的，还有盲目和狭隘。有些人坚信自己已经掌握幸福的密钥，不管是现世还是下一世，都会生活美满。这样的人都免不了盲目和狭隘。当某个信念刺激到一些聚集成群的人时，这些人中间就会出现这两个特征。从虔诚的程度来说，恐怖时代的雅各宾党人与宗教审判时代的天主教徒其实是一样的，他们都有残忍的激情，这种激情的来源是相同的。

群体对宗教的绝对信任，是群体一开始就具有执拗盲从以及疯狂的宣传的特征。所以我们可以认为，他们坚持的所有观念都带有宗教的形式。对于一个群体来说，如果为一个英雄而欢呼呐喊，那么这个英雄就是他们实际上的神。拿破仑就是一个15年里屹立不倒的神，他疯狂的崇拜者，比任何一个神都要多。他能非常轻易地决定人的生死，对于一个神所能影响的人的思想来说，异教徒和基督教的神明都没有这样的绝对操控力。

所有的政治信条或宗教信条的建立者，都刺激了群众的疯狂情绪，所以他能够被人们完全接受。结果是，群体为了自己的偶像而放弃生命，在崇拜和顺从中找到了自己幸福的来源，在任何一个时代都有这样的事情。弗斯泰尔·德·库朗热有一本著名的作品①谈到了罗马的高卢人。书中清晰地谈到，使罗马帝国维持下去的，是这个帝国散发出的发自内心的仰慕之情，而不是武力。"它持续了长达5个世纪之久，但其实国民非常厌恶这种统治形式，世界历史上还从来没有出现过与之相似的。这真让人觉得难以相信，整个帝国能够统治这一亿人口，但却只有30个古罗马帝国军团。"作为罗马帝国荣誉的人格化代表，罗马皇帝是所有民众的崇拜对象，罗马皇帝如同神灵一般，这就是民众们臣服的原因。在罗马帝国的统治范围内，就算是最小的城市，也都安置了很多崇拜皇帝的祭坛。"在当时有一种新兴的宗教，帝国的皇帝就是供奉的

---

① 指库朗热所著的《古代城邦》，本书问世于1864年。弗斯泰尔·德·库朗热（1830—1889），法国著名的社会学家和历史学家。——译注

神明，这个宗教在恰当的时机，在帝国的各个地方发展起来。在基督教时代到来之前的很多年里，60座城市都建立起了纪念奥古斯都皇帝的神殿。这是全部高卢地区的代表，非常类似于里昂城附近的庙宇。各个联合起来的高卢城市，还推举出当地的头领人物为祭司。我们不应该认为奴性和恐惧是这一切的根源，因为并不是整个帝国的民众都甘心被奴役，何况奴性是不可能保持3个世纪之久的。我们不能说所有的国民都具有奴性，是罗马在敬拜帝国的统治者，而不是所有的国民；另外，还有高卢地区、西班牙地区，甚至亚洲和希腊地区在敬拜，而不只是罗马。"

如今，控制着人们的大多数人领袖人物已经不再建立神坛。不过，他们的追随者还拿着他们的画像，这些人自己设立了雕像。这些领袖也在接受人们的崇拜，而且根本就不比在之前的类似人物接受的崇拜少。通过深入的研究这个群体心理学的基本问题，我们就能够理解历史的哲学问题。首先群体要有一个神灵，其次才是其他的东西。

我们千万不要认为理性已经把这些过去时代的迷信清理干净了，理性和感性的冲突对抗永远存在，感性永远都不可能被消灭。在过去的很长一段时间内，宗教或者是神明之类的词语奴役着大众，当然将来的人们可能听不到这些词语了。不过，古老的神灵从来没拥有过这么多用来祭拜的祭坛和雕像，而人们在最近的100年中，却产生了众多崇拜的对象。有些人在这几年已经对群众运动进行了研究，他们应该都知道在布朗热①主义的号召之下，群体的宗教本能随时都可能非常容易再次复兴。这位英雄的画像挂在所有乡村的小酒馆内。千万人愿意为他牺牲自己的生命，他被赋予了惩恶扬善的力量。假如神话一般的名声和他的内在素养处于同样的水平上，那么在历史的舞台上，估计他的地位会非常崇高。

对于民众来说，宗教是必不可少的。这是老生常谈了，几乎没有用处。所有的政治制度、神学、信念想要在民众心中发展，就一定要采用宗教的方式。这种方式可以把有舆论带来的危险清理干净。所有宗教感情都具有一定的执拗性，这种观念也不例外，民众有可能接受引导而接受无神论，因此在外在的形式上，民众可能成为一名信徒。这里有一个崇尚实证的小宗派，它的发展正好可以为我们以上的观点提供实证。这件事发生在虚无主义者身上——他们和伟大的思想家陀思妥耶夫斯基的名字有点关系，实证主义者也会面临此事。某一天，受到理性光芒的召唤，他将小教堂祭祀上的所有圣人或神灵的画像都毁了，他吹灭了所有的蜡烛，紧接着把那些已经毁坏的东西换上了无神论哲学家莫罗斯豪德和毕希纳的著作，然后再次虔诚地点燃了蜡烛。他已经换了一个宗教信仰的对象，可他的宗教感情也随之发生改变了吗？

如果我们不去研究群体信仰，就不能深入理解一些特殊的历史事件。我在这里重申，我们一定要从心理学角度来研

---

① 布朗热（1837—1891），19世纪80年代法国著名的政治家、军事家，曾掀起民族沙文主义运动，后失败。1889年，政府以破坏共和国安全的罪名逮捕他，布朗热逃亡到比利时，最高法院在他缺席的情况下判处他终身监禁。1891年9月30日，布朗热在比利时的伊克赛尔自杀。——译注

究社会现象，而不是从自然主义的角度。大史学家泰纳在研究法国大革命时，找不到事件的原因，因为他以自然主义的观点为出发点。假如没有使用群体心理学的观点，就算是对一些事实进行了充足的讨论，他也不能认识到大革命的原因。泰纳对一些事情的侧面感到吃惊，比如凶狠残暴、杀人如麻，还有无政府主义。在这场戏上，伟大的英雄们也是一群疯狂的野蛮人，他们根本就不知道管束自己，可是泰纳却看不到这些伟大英雄的这一面。这是一场为所欲为的革命，只有把这场革命看作是一种在群众心中建立起来的宗教信仰，才能恰当地解释它的集体性屠杀。发生过这种现象的，还有圣巴多罗买大屠杀、宗教改革、宗教裁判及恐怖统治阶段，法国的宗教战争等。群众被宗教情感煽动，开始肆意妄为，只要是沾上了这种感情的人，就一定会诉诸武力，将那些反对建立新信仰的人消灭。所有坚定而又诚恳的人都采用了宗教裁判所采用的方法。假如被采用的是其他方法，那么就不应该这样去评价他们的信仰。

对于我所引用的动乱事件，从本质上来说，群众是始作俑者。实际上，这些大事件可能是历史上最独裁的统治者都无法做到的。史学家告诉我们，国王一人就促成了圣巴罗买大屠杀，这说明在群体心理学方面，他们基本和当权者一样，根本一无所知。只有通过集体的精神才能执行这些命令，最专制的君主拥有至高无上的权力，他们甚至能让"神明"现身。国王并不完全是宗教战争或者吉巴特洛奇惨案的肇事者，这就好似并不是由丹东①、罗伯斯庇尔②和圣加斯特就能实现恐怖统治一样。我们可以说，当权者的统治权力绝对不是这些事件的根本原因，这些事件的根本原因是大众心理的影响。

① 乔治·雅克·丹东（1759—1794），法国大革命时期雅各宾派的主要领导人之一。受孟德斯鸠、卢梭等的思想影响，他崇尚自由和平等，力主废黜国王路易十六，实行共和制。最终因党派之争，被以"阴谋恢复君主制颠覆共和国"的罪名推上断头台。——译注

② 马克西米连·佛朗索瓦·马里·伊西多·德·罗伯斯庇尔（1758—1794），法国大革命时期的革命家，也是雅各宾派的主要领导人之一。在热月政变中被送上断头台。——译注

第二卷

群体相信什么，主张什么

1. 间接影响群体主张和信念的因素

群体信念的基本因素 对于群体信念的根源要做详细解释 对群体信念产生作用的不同因素

（1）种族

种族的根本性作用 替先民发声

（2）传统

种族精神融合了传统 传统的社会意义 不适应需求的传统，会危害群体的发展 传统思想最坚定的维护者是群体

（3）时间

信念不断地由时间建立，然后摧毁 凌乱因时间而变得秩序井然

（4）政治和社会制度

不正确的观点 它们的影响非常小 不是原因，而是结果 任何民族都无法选择自己的制度 最不同的事物被相同的制度掩盖着 制度是怎样分步建立起来的对所有的民族来说，理论上最差的制度可能却是它最需要的

（5）教导和教育

有关教导的不正确观点　统计数字　拉丁教育对道德
有损坏作用　各个民族的事例

在研究了群体的精神结构以后，我们已经理解了群体的思
维、情感和推断方式，接着我们来探讨群体的信念和主张是怎
样形成的。

对于这些信念和主张的形成，起决定性作用的，有直接因
素，也有间接因素。

间接因素能使群体只接受某一种观念，排斥此之外的其
他观念。虽然这看起来只是一种表象，并且是自发的，不过它
经常能够散发出一定的影响力，并造成某些结果。让我们吃惊
的是，这都是一些新鲜事物。不要浅薄地认为，有些观念是一
蹴而就的，在它背后还暗藏着一种力量，这种力量不断积累扩
张，最终产生影响。我们一定要明白这一点。

要想使直接因素产生作用，就一定要和上文提到的长期性
积累联系起来，这样才能够说服群体。在直接因素的作用下，
观念会选择一种特殊的方式，然后产生某些效果。比如，一次
群体性的大罢工或者一次动乱，甚至是民众发动的暴力革命
等，这些直接因素能够使群体根据某种方式突然采取行动。

基本上，历史上所有重大历史事件都是在这两种因素的作
用下才发生的，一个最让人震撼、最生动的例子就是法国大革
命。促成法国大革命的间接因素包括：贵族统治残暴不仁，哲
学家著书立说和科学思想突飞猛进，民众的大脑因为这些因素

而开始转动，演说家煽动了他们，于是，他们揭竿而起，要去推翻碌碌无为的统治者。

民众一切主张和信念的基础，都是由一些间接因素——包括教育、社会政治制度、时代传统和种族——促成的，这一点具有很强的普遍性。我们接下来将要对这些因素各自的作用进行讨论。

（1）种族

我们把种族因素放在第一位，因为它远比其他因素要重要。在以前的论著中，我们曾深入地研究过这个因素，因此这里不再重复。在我之前的那本著作中，我曾经提及，当一种种族具有了外在的特点和内在的特点以后，再经过一代一代的传承，便形成了种族的力量。世界上所有的种族都是这样的。这种力量的外在表现形式，比如艺术、制度、宗教，构成了文明的组成部分。现在我们已经发现，种族力量的特点是，其中的任何一个组成部分，在种族之间传播时，都会发生翻天覆地的变化。[1]

表面看来，代表着社会隐性因素的各种事件和环境因素，都有着非常大的影响力。然而，如果说它不能融于一个民族世

---

[1] 我认为这的确是一种非常新颖的观点，历史的进程正是因此才能够容易理解。我曾经在《民族进化心理学》这本书中，用四章的篇幅来解释上面的问题。读者在阅读那本书以后一定能明白，虽然艺术、宗教、语言都属表象，但它们很容易让人走到错误的方向上去。尽管如此，文明在传播过程中，任何一种要素都可能遗失，因此任何一个民族都不可能原样复制地吸收另外一个民族的文明。——原注

代传承的因素，也就是说，这种影响和种族的隐性因素相冲突，那么这种影响也只是昙花一现。

关于种族的影响，我们将在本书后面的一些章节中继续讨论。因为种族的影响力非常大，群体的精神特点是由这种影响决定的。世界上各个国家的群体之所以表现出了不同的特点，也正是这个因素的作用。另外他们所受到的影响也是不同的。

（2）传统

什么是传统？它包含过去的感情、祈求和观念，对我们的影响非常深远。它融合了种族的各种因素。

根据胚胎学的观点，生物能进化成什么样子，过去时间的影响非常大。这个观点甚至使生物学的架构发生了部分变化。目前，这个理论还没被广泛传播，如果传播开来，历史科学可能也会出现相应的变化。很多政治家的观点，都基本和18世纪理论家的观点相同，仍然非常落后，仍存在着一种非常腐朽的想法，认为在理性的指引下，社会就能完全抛开自己与过去的关系，发展得顺风顺水。

只有通过一点一点的积累和传承，民族才能够慢慢发生改变，在这一点上民族和其他有机体一样，它是一个承载了过去的有机体。

人们的行为是由传统操控的。这种操控作用在人组成一个群体时，会体现得尤为明显。就像我之前提出的那样，虽然群体能够比较容易地使传统发生改变，不过这种改变只是形式和名称的变化而已。

这种情况发生时，我们不必感到遗憾，因为文明也好，民族精神也好，一旦和传统相脱节，都将无法继续延续。自从产生了人类，人们便开始建构传统，同时努力去消除那些已经不适应需求的传统。因为文明是在构建传统的过程中产生的。如果已有的传统总是一成不变，那么就不可能进步。所以我们很难在改变和稳定之间取得平衡，但一定要去做。如果在历史的进程中，一个民族的风俗习惯是不可改变的，是极其稳固的，那么它很难再发生其他改变。比如中国，中国人并没有能力进行改变和改良，即便是通过暴力革命，也很难有什么变化。把链条敲碎并重新组合，是革命的唯一成果，结果或者是放任被推翻的政府为所欲为，或者照搬过去，使整个社会陷入无秩序状态，紧接着就是衰败。

所以，在已有制度保存的前提下，在悄无声息中慢慢改变，是一个民族的理想状态，不过并不容易实现。历史上将这一理想变为现实的只有近代的英国人和古罗马人。

群体惯于遵循旧的制度，不管是哪种先进的改良，他们都坚定地反对，特别是那些有等级地位观念的群体。作为一个共同体，群体是非常念旧的，我一直都持有这个观点。同时，即便是最血雨腥风的暴力革命，抗争结果往往也只有名义上的改变。比如在18世纪末，教徒要么被定为死罪，要么被驱赶、流放出国，教堂也被捣毁。那个时候的人们认为，在这种暴力抗争的条件下，传统的宗教观念恐怕就要从人们的视线中退出，要失去了自己的力量，可是因为一些不能抵抗的因素，没过几年以后，这些被禁止的公开朝拜制度再次恢复了。

旧的传统只是暂时被挡住了，这时他们又恢复了往日的活力。

所有的事实都不能很好地体现出传统对群体心态的影响。寺庙中并不存在不受怀疑而且能力无穷的偶像，同理，宫廷中的统治者虽然权力巨大，但是他们营造的假象很容易被打破，有些高级的存在是看不见的，它们是真正的偶像，我们内心最深处的自我就是由它来操控的。在所有暴力对抗中，它都安全无虞，我们要用几百年的时间逐渐去打磨它，才能将这个偶像消灭。

（3）时间

不管是在生物学上，还是在社会问题上，时间所产生的结果都是一样的，它是最有力量的要素。时间能够毁灭和创造所有事物。要经过大量的时间才能够积土成山，从地质年代期间不太确切的细胞运动开始，一直到人类，都需要时间。在几百年内，所有固有的事物都可能发生变化。如果给蚂蚁充足的时间，它们也能够把勃朗峰铲平，科学已经证明了这一点。假如有一个人能够任意地改变时间，就好像变魔术一样，那么他一定会拥有上帝的徒众所拥有的能力。

让我们在这里讨论一下，群体的观点是怎样在时间的影响下形成的。在这一方面，时间的作用非同小可，几乎所有重大要素都是由时间决定的。时间决定了种族的形成；时间决定了所有信仰力量的形成、发展和消失，同理，时间也会使信仰失去力量。

群体的信念和观点是由时间决定的，至少在其形成的过程中，时间起了推动作用。这就决定了只有在一些特殊的时代里，才可能出现某些主张，而在其他时代这种主张必然无法成功。经过漫长的积累，现在已经出现的观念终得以形成，不过，这些观念可不是随机产生的，而有内在原因。它们之所以能够孕育成熟，那是因为有时间为其提供所有的因素。一定要回忆历史才能够对今天的各种原因有所理解，对于过去，它们是儿女，对于未来，它们是母亲，但不管怎么说，永远都是时间的奴隶。

所以，最高级的客观存在就是时间。我们可以通过时间对所有事情的变化有所了解，因此对于时间的功能，不必有任何怀疑。现在我们可能会担忧群体的意念，以及由此产生的各种动乱和不安。除了时间的流逝以外，没有其他的方法能够使得正常状态再次出现。拉维斯先生曾经说过一段很中肯的话：

> 不可能存在一种在一夜之间就组建起来的统治形式。需要几百年的时间，历史才能创造出一系列的社会组织和政治。要经过几百年没有茫然混乱的无序状态，封建制度才能够找到自己的典范。又用了几百年时间，封建制度才确定以绝对的君权当作统治的规则。这段时间是在等待中度过的，也是一个动乱的、纷扰不断的时代。

（4）社会和政治制度

统治和改良的制度能够使国家变得强大，克服制度的缺点能够使社会取得进步，各种各样的法令能够促使社会发生变革。这些是被普遍认同的观点，也是目前各种社会学说的基本观点，是法国大革命的思想来源。

这是一种错误的认识，但直到现在都没有改观，哪怕经验不断证明这是错误的。史学家和哲学家想要证明它的荒谬，但是他们都失败了。然而他们很容易对下面这个事实做出证明：人们的习俗、情感和观念是各种制度的促成因素，这些因素和各种制度一样，当法律条文发生改变时，它们也会随着而改变。一个民族不能对自己的肤色和头发做出选择，同理他们也不能够任意地选择自己想要的制度。制度只能为这个时代创造，并不能创造时代，制度都是种族的产物。一个种族之所以选择某种统治，是由他们自身的特点决定的，而不是任意选择的。一种制度的形成可能需要几百年的时间，同理也一定需要很长的时间才能发生改变。各种制度自身并没有好和坏，本身没有什么优点和缺点。一个制度在特殊的时期内对一个民族是好的，但对另外一个民族可能是非常不利的。

进一步来说，一个民族没有使他们的各种制度发生改变的能力。各种制度的名称可能会因为暴力革命而发生改变，但是其本质内容是不会发生改变的。历史学家在对历史问题进行深入的研究时并不会注意这些名称，因为这都是一些符号，根本没有实际用途。英国是这个世界上最民主的国家①，也正是因为这一点仍然保留着君主制，最残暴的专制主义政治制度仍然在原属西班牙的美洲国家内横行，但这些国家的宪法都是共和制的。这些民族的命运不是由政府决定的，而是由民族的性格决定的。我在前一本书中就已经用一些实际的案例证明了这一点。

所以讨论宪法的条文是极其无用的，完全是浪费时间。宪政的责任需要在时间和必要性两个因素的作用下，才能发挥实际效用。盎格鲁-撒克逊人就采用了这种方法，伟大的历史学家麦克瑞②提出，那些拉丁民族国家的掌权者们，应该好好去学学。从纯粹理性的层面来看，他认为矛盾和荒诞是法律取得效果的共同特点。他又比较了英国的宪法和拉丁民族仓促制定出来的宪法，最终认为英国的宪法正在逐渐发生变化，一步一个脚印地向前发展，不是来靠理性的思考在变，而是来自于必要性。

宪法的形式是否均匀，是完全不必考虑的要素，它在实际的应用中是否方便，才是更应该去关注的。我们不应该用简单的理由来消灭那些不一致的事物，除非这是非常

---

① 哪怕是最进步的美国共和主义人士，都认为这个事实是正确的。美国杂志《论坛》最近对这种观点给出的评价非常经典。我要引用1894年12月《评论的评论》上的一段话："所有人，包括那些执着的崇拜贵族制度的人都应该记住，全世界最民主的国家是英国。在英国，个人的自由能够得到最大限度的实现，所有人的个人权利应该被尊重。"——原注

② 托马斯·麦克瑞（1800—1859），英国历史学家、政治家、法学家。他主张"法律的功用仅仅是禁止人们故意做坏事，至于人们是否积极行善，那就不是法律该管的了，而是政府、道德、公众舆论和宗教领袖的任务"。也即法律不能规定人们的积极义务，只要是法律未明令禁止的，就可以自由行使；法律绝不可倒行逆施，即"法无授权即禁制"。——译注

有必要的，不然不应该做出任何改变；我们不应该轻易革新，除非是为了使民众极其不满的情绪得到缓解；除了必要的情况才限制宽松的条款，否则我们绝不对范围宽松的条款做出限制。从约翰国王时期，一直到维多利亚女王时期，我们的议会一直都被这些原则操控着，议会的运行能够在250年内井井有条，也正是因为如此。

在说明各个民族的各种制度和法律是否与该种族的需要相匹配时，我们没有必要通过制度的剧烈变化做出说明。如果我们想要知道问题的答案，只需要对它进行具体的思考就够了。比如想要知道集权制度的优势和不足，只需要通过哲学上的思辨就可以。不过我们可能会发现，在一个由不同种族组成的国家民族中，集权制度可能已经存在了1000多年，这种集权专制不可能因为一场绝对的、彻底性的制度变革就被消灭，它可能会进一步巩固。我们应该知道，在这种情况下，对于一个民族来说，集权制度是让这个民族活下去的条件，而不只是一种急切的需求。鼓吹完全消灭集权制度的，只有那些在认识水平上堪忧的政治家。他们在做这些事的时候可能是随意的，不过即便侥幸成功，很可能接下来就导致一场非常恐怖的内战①，而

①　我们有理由提出，法国的不同宗教、种族和政治仍然是分裂的。早在法国大革命时期，就有很多关于宗教、政治力量和党政划分的分歧，尤其是法德战争期间，社会问题方面再次表现出了分裂的特点，这些都说明法国还没有结合成为一个整体。因为强大的集权制度，以及建立以人为主导的部门的条件下，在大革命时期，必然会合并一些古老的省份。从这方面看，革命似乎是非常有益的。对于分权制，如今一些鼠目寸光的人仍然在极力鼓吹，假如他们成功了，流血动乱事件是避免不了的。如果这个现实不能够得到重视，那么就相当于对法国所有历史都持忽略态度。——原注

这有可能带来一种新的集权制度，在这种制度下，人们会感觉到难以呼吸，因为这是一种比旧的政权更加专制的制度。

于是我们可以得出以下结论：对群体精神有深刻影响的方式，是不能从制度中找到答案的。我们应该发现，美国这样的国家采用了民主制度后，经济和政治成就不凡，但另外一些国家，比如西班牙人建立起的美洲共和国，它们几乎是用完全相同的制度，可是这些国家的政治混乱，经济萎靡。

所以我们应该知道，政治制度并不会使一个民族强盛，使另外一个民族衰弱，强弱的决定性因素是每个民族的特点，那些不能与之相适应的制度就像是从别人那里借来的衣服。很明显，这只是一种短暂的掩盖而已。人们发动残忍、暴烈的革命和战争，突破困难建立新的制度，而且将来还会不断发生这样的事。人们把这种制度看作是圣徒的遗产，认为这是一种超现实的力量，能够创造幸福的天堂。所以我们认为，群体的大脑受到了制度反作用的影响，因此这些强烈的动乱才会不断出现。不过，这些制度本身并不能产生反作用，不管它们是好的还是坏的，因为制度本身并不具有能动性。各种不同的幻象和词语，特别是那些语焉不详的词汇，持续不断地影响着群体的认识和判断。那些词汇有多么强悍，就有多么荒谬。我们在下面将要对它们造成的重大影响进行讨论。

（5）教导和教育

目前，在人们所有的观念中，教育是最具代表性的一个。

大家都认为，一个人可能因为教育而彻底发生变化，甚至认为人和人也能因为教育而变得相同。不断有人坚持这种观点，使其成为一种民主信仰，变得无法摧毁，就像是曾经很难把教会消灭一样，现在也很难让人们改变这种想法。

人们对民主问题的看法，在通过心理学和经验的验证后，所得出的结论往往是不同的。其实很多问题也是这样。很多著名的哲学家，比如赫伯特·斯宾塞，都明确提出，人不可能因为教育而变得更幸福，或者更加高尚，人的本性和生来就有的激情不可能因为教育而发生改变，而且，如果接受的教育完全是坏的，还具有极大的危害性。这一点已经得到了统计学家的证实。他们的研究数据表明，随着教育的普及，犯罪数量在增加，那些在学校因为成绩优异而得过奖的人，到了社会上往往成为最穷凶极恶的坏蛋。有一名优秀的官员名叫阿道夫·吉约，他在最近的一本书中提到，在罪犯中，文盲和受过教育的比例为1：3，以10万居民为一个单位，在过去的50年中，犯罪增长速度达到134%，从227人上升到了552人。吉约和他的同事都发现，在不断增长的统计数据中，最为突出的是年轻人犯罪率的增长。法国人为了使年轻人得到教育，已经推广了义务教育，取消了交费制，这一点大家都知道。

当然，我们不能认为教育没有任何意义，正确的教育和指引还是能够起到非常好的作用，因为就算人的道德水平不会因为教育而提高，但专业技能会有所提高。不过，拉丁民族在过去25年中的教育制度一直被一种错误的原则指导着，这一点让人感到遗憾。很多著名人士，比如泰纳、库朗热、布吕尔①，都提出了自己的观点，但拉丁民族还是依然故我。我在以前出版的一本书中曾提到，青年学生因为法国的教育制度而走到了最坏的社会主义阵营那边，因为受到的教育，他们成了社会的公敌。

这种制度完全以模棱两可的心理学观点为基础，估计拉丁民族的本性和这种教育制度是相适应的，这也是它最危险的地方。比如，认为只要通过努力学习书本知识，人的智力就可以提高。在这种观点的指导下，人们对来自于教科书中的知识努力地探索，年轻人从小学开始，一直到大学毕业结束，只知道把课本上的知识记住，以应对各种类型的考试，年轻人的个人意志和分辨力，因为死记硬背而被忽略，教育使年轻人成了教科书的奴隶。

朱勒·西蒙先生是前公共教育部部长。他曾经提到："学习一门课程的方法就是记住语法或者一篇文章的大纲，不断地学习，努力地模仿。这种教育方式是非常荒谬的，教师的权威不可撼动，教师的话永远都对，教学成了一种顶礼膜拜的仪式。学生在这种教育制度下变得自我压抑，这是唯一的结果，因为他们没有自己的想法，所以变成了没有能力的人。"

---

① 卢先·莱维·布吕尔（1857—1939），法国社会学家、哲学家、民族学家、教育家，犹太人。他的著作颇多，有《孔德的哲学》《伦理学与道德科学》《低级社会中的智力机能》《原始思维》《原始灵魂》《原始神话》《原始人的神秘体验与象征》等。他认为原始人的思维具有自己特殊规律，其思维逻辑与文明人不同，并称这种思维方式为"前逻辑""集体表象"，而个人对外界的认知和把握，是通过神秘的方式也即"互渗律"所获得的。——译注

假如孩子们没有从这种教育中受害，那么我们也只能对他们表示同情了，毕竟他们还知道了一些关于动物分类、克尔泰后裔的谱系，以及奥特斯兰西亚和纽斯特里亚之间冲突等知识，尽管这些东西并不是非常必要的。不过这种教育制度的不利之处要比想象中的更大，事实并不仅仅是上面说的那样。它会激发那些只知道听命的受教育者对现实的不满，从而变得满腹牢骚。他们总想摆脱自己的生活环境，农民不想再种地，工人不甘于在车间劳动。出自中产阶级家庭的孩子，大部分在父母的授意下，选择工作时只想做国家公务人员。法国的学校只是教育学生将来要从事政府工作，并没有传授他们应对未来生活的方法。当然，他们非常容易在这个工作上取得成功，并且不需要任何个人的主观能动性或者一定的自我认识。在社会底层中，这种教育制度培养出了庞大的无产阶级队伍，他们随时都准备反抗，总是对自己的命运发牢骚。而对于处在社会顶层的人来说，这种教育制度培养出了资产阶级，但这些人什么事儿都不做。这是一些幼稚而又躁动的人，不管是什么他们都愿意去相信，可眼睛里却经常布满疑虑。他们认为政府的话是理所应当的，经常盲目地相信国家政府，但又总是表现出某种对抗，认为政府的错误是所有症结的根源。其实，他们一旦和政府当局的保护相脱离，就什么都干不了，变得一无是处。

国家所培养出来的有文凭的人非常多，但是只有其中的一小部分能够被使用，剩下的人都根本没事做，所以只有先来的才能够得到职位，有些人就开始埋怨国家和政府，因为这些晚到的人失去了谋生之道。从社会最底层的小职员到社会最高层的警察局长和教授，都用手里的文凭去争取各个政府部门中的职位，这种现象的结果就是，成千上万的人为了公职人员的职位而疯狂地奔命，但商人找不到一个能够替代他管理殖民地的经营者。只是在赛纳地区，失业的男女教师就有千千万万人，工人和农民的工作遭到他们的鄙视，他们只想在国家部门中工作，但是毕竟只有一部分人能够被国家选中，抱怨的人非常多。任何一种革命都可能随时把这些人鼓动起来，不管革命的目标是什么，革命的领导人是谁。甚至可以说，人们造反的根本原因就是不合时宜的教育。①

很明显，现在补救还来得及。经验可以指出，我们犯些错误是最好的老师。我们从经验中得知，勤劳比那些机械考试和刻板的教科书都有价值，我们国家的年轻人们应该重返工厂，重回土地，到他们非常讨厌的殖民事业中去拼搏。

应该接受什么样的专业教育，其实我们的祖先早已给我们指明了。直到现在，在非常有生命力的民族中，这种教育依然非常流行。伟大的思想家泰纳先生在很多有名的文章（在下面的论述中我还要引用其中很重要的话）中都非常明确地提到了

---

① 不过这并不是拉丁民族所特有的现象，在法国和中国也有这样的现象。中国的等级制度非常严格，士大夫们控制着权力，要通过考试才能够得到官职，而是否能够熟练地默写出大量的典籍就是考试的内容。在目前来说，真正的民族灾难就是这群数量巨大的、没有工作的人。另外印度也有类似的情况，比如绅士阶层。在英国人到达印度并在那里开放教育时，这个阶层才逐渐形成。当时英国人只是为了为当地人提供教育，而不是其他目的才开放教育的。不过对于特殊的阶层特殊的时期来说，有的人是不能够被雇佣的，他们逐渐成为不妥协的群体，开始和英国的统治者相对抗。不管印度的绅士有没有自己的工作，降低道德要求是他们第一接受的教育。所有到达这个半岛国家的作家都看到了这种现象。在《印度的文明》，我的另外一本书中，我用了大量的文字来讨论这个问题。——原注

这一点。今天，英国和美国的教育制度基本上类似于我们过去的教育制度，泰纳先生对比了盎格鲁-撒克逊民族的制度和拉丁民族的制度，并为我们指出了这两种方法的效果。

可能有很多人因为各种各样的原因仍然认为应该继续接受我们如今的教育，虽然这种教育有很多缺陷，甚至还培养出一些和现实不适应的人，以及成天埋怨的人。不过这些人认为，让年轻人接受大量浅显的知识，死记硬背课本上的内容，还是对智力水平的提高有作用的。事实果真如此吗？事实是，智力水平绝对不会因此而提高。在现实生活中，一定要有经验和判断力等条件才能够获得成功，当然还需要一定的个性和开创精神，但这些能力都是不能从教科书中得到的。字典是学习参考的工具，教科书也是，如果把背教科书当作学习，花费大量的时间记忆其中的内容，这对我们来说并没有任何好处。

怎样通过专业的教育使智力得到提高，并且超过古典教育呢？泰纳先生做出了经典的解释，他认为：

> 观念只有在自然而然的环境中才可能形成。要有年轻人的实践和积极参与，观念才能够逐渐形成，比如每天到田野、工厂、书房、集市、医院和马路边去感受各种感官印象，他需要亲自去看一看各种材料和工具是怎样使用的。不管是劳动者和顾客从事怎样的工作，是否赚到钱了，年轻人都要和他们相处。这是唯一的去理解进入到身体各个感官的细节的方式，有些细节非常小，是难以看到的。学习者在感受到了这些细节以后，还要认真地消化，

在大脑中一点点地形成或者产生某些提醒，并且根据这些提醒加工或者改良这些信息。不过法国年轻人在学校里被关了七八年，他们和外界交往的机会被切断了，所以在本来最有活力的年龄里，他们亲身实践的机会被剥夺了，他们不可能准确而灵活地理解现实生活中的人和事，以及怎样和现实生活中的人和事相处。

法国90%的年轻人都浪费了他们宝贵的精力和时间，对于他们来说，这几年的时间非常重要，简直可以说是具有决定性意义。他们中的大部分人都为了考试而活着，但也难逃被淘汰的噩运。剩下的人虽然得到了学历、文凭或者毕业证书，但是以通宵达旦为代价。在快要毕业的时候，他们在教室的一个座位上坐着，带着对科学和所有人类知识的敬仰之情，面对眼前由十几个人组成的答辩组，要花去两个小时的时间去回答这些人的问题。在这两个小时的时间里，他们认真地做到基本正确或者绝对正确。但是他们的努力在一个月之后就彻底不见了，这样的考试是他们以后再也遇不到的了，所以他们不但没有学习新的知识，而且在学校里学到的刻板的知识也不断消失了，因此他们思维的能力开始减弱，不会再有任何的长进。假如这个时候出现了一个全面发展的人，他们就变得心有余而力不足了。接下来他们就开始了世俗的生活，结婚生子，只要进入了现实生活的范围，就会被狭窄的工作压制住，他们做的工作还算是能力之内，但也只能是这样了，这就是平庸的生活。失去的和得到的不成比例，英国或美国以及

1789年以前的法国都是这样的，虽然它们选择了不同的方法解决问题，但却得到了基本相同的结果，甚至没有变得更好。

后来，出现了一批著名的心理学家，他们向我们阐释了我们的制度和盎格鲁–撒克逊人制度的区别。盎格鲁–撒克逊人并没有像我们那样有很多专业的学校，他们的教育是建立在掌握专业技术的基础之上，而不只是牢记书本上的知识，比如他们在车间里培养工程师，而不是在学校里培养。他们所有人的智力水平都得到了最大限度的发挥，因为他们为这种发挥提供了最好的条件。如果年轻人的天分足够，自然能够成为一名工程师；但如果他们没有进一步发展的可能，仍有成为普通工人或工长的机会。相比于以年轻时期的一次考试决定终生的做法，这是一种更加科学、对社会更有利的方式。

有些学生很早就开始学习专业技能了，比如医院里的护士，还有办公室里的律师、秘书，他们在各种各样的单位办公室中，一步一个脚印地开始自己的实习期，他们在工作之前就接受了一些普遍性的教育，所以具备一定的知识积累。对于观察到的东西，他们很快就能够消化吸收，他们能够抓住各种空闲时间使自己的技能得到提高，并且一点一点地适应现实生活。在这种制度下，他们目前的工作就是将来要从事的工作。因为学生正在从事将来要做的工作，所以他们的实践能力得到了发展，并且与他们的才能相匹配。美国和英国的年轻人从学校毕业后，很快就能够找到适合自己特长的工作。他们不但能够在25岁以前找到有用的、适合自己的工作，并且还培养出了创业的能力。他们是一个威力巨大的机器，而不是机器上的一个零件。但是我们法国的制度与之相反，这种学习方式使很多人才都被浪费了，年轻人的培养方式开始变得和中国一样。

我们拉丁民族的教育制度不断地脱离实践生活，对于这一点，伟大的哲学家泰纳做出了这样的阐述：

教育分为三个阶段：儿童期、少年期、青年期。人们浪费了太多的时间坐在学校的教室里死记硬背，承担繁重的学习任务，只为了通过考试得到各种证书。这是一种违反规律的学习制度，这种方法非常差劲，而且对社会没有任何好处。实际上我们现在推行的应试教育，没有考虑到以后的年代，学习期间学生们学业繁重，但是我们没有考虑到他们很快就要面对现实的世界，可能会遇到生活中的各种问题，他们一定要提前学会适应社会才能够在这个世界上生存。我们并没有培养出具有顽强战斗力、果敢坚定、意志坚强的学生，而这些学习却是最重要的，这些能力对学生来说是必备的。我们法国的学校并没有教会年轻人丰富的能力和常识，年轻人没有因此得到生存的能力，而且他们的天分也被破坏了。所以，当他们自己面对生活，走到现实世界中的时候经常会感到很迷茫，他们遇到了各种苦难，受到了挫折、伤害，有些伤痛甚至是永久性的，连生活的信心都失去了。在这个过程中，道德和精神的平衡被打破，这种破坏也是永久性的。这是一种非常严重的欺骗，我们理想破灭，失望至极。

我并不认为，以上的讨论不属于群体心理学的讨论范围。要想知道群体在明天要做出哪些举动，在今天正在谋划什么，要想知道某些观点和想法，就一定要了解形成这些观点和想法的土壤。一个国家中，年轻人可能通过教育知道这个国家将面临怎样的变化。不过我们国家的教育制度，很难让人感到有一点希望。至少教育在引导群体思想方面，应该起到某种作用。我们现在的教育制度是怎样培养出这类人的？我们有必要做出解释。本来很温和、平淡、中立的民众，突然变成了成天抱怨的人。那些满脑子乌托邦思想的人在蛊惑他们，他们却时时刻刻都准备去倾听；对方在煽动，他们却表示顺从。我们现在可以说，社会主义者就是从这些教室里走出去的，而教室也是拉丁民族在没落的道路上无法回头的原因。

2. 直接影响群体主张的因素

（1）词语、形象和套话

套话和词语的能量难以想象 词汇与它们真正的意义相独立，词汇的力量和引起它们的形象有一定关系 因为时代和种族的不同，形象也有所不同 词汇的耗损 常用词语含义多变的例子 如果民众从旧事物中得到了不好的印象，那么换一个称谓以后就会取得好的政治效果 词汇含义不会因为种族不同而有所变化 在欧洲和美国，"民主"的含义是不同的

（2）幻觉

幻觉的重要性 幻觉是所有文明的来源 幻觉的社会必要性 群体经常不喜欢真实而喜欢幻觉

（3）教训

只有教训才能消灭有危险的幻觉，使群体思想中出现必要的真理 只有经过不断反复，教训才可能变为经验 要付出教训的代价才能劝导群体

（4）理智

理智对群体没有任何影响力 只有无意识情感能影响

到群体 逻辑在历史中的意义 不常见事情发生的原因

我们上面讲到了一些间接性因素，它们赋予了群体心理的特有的属性。这是一种准备性质的因素，能够促进某些观念和感情的发展。我们在下文中将要对直接产生作用的因素进行讨论，同时也将讨论怎样使这些因素充分发挥各自的影响。

从本书前文所讨论过的观念、感情和推断方式出发，我们可以用一些普遍性原理来概括影响群体心理的方法。我们已经知道，暗示，尤其是以形象的方式表现出来的暗示，是怎样扩散的，以及它的能力有多大，也了解了哪些因素容易影响到群体的想象力。不过影响群体心理的要素是不同的，就好像暗示的来源也不一样，所以我们一定要进行深入的研究，同时要区分出这两者。我们有必要做区分性的研究，在面对古神话中的斯芬克斯①时，如果不能找到答案，就要被它吃掉，我们在面对一些针对群体所提出的心理问题时也是如此。

（1）词语、形象和套话

在前面的阐述中，我们已经知道，人们对形象产生的印象性很容易就控制住群体的想象力，这些形经常是无形的。但如

---

① 在古埃及神话、西亚神话和希腊神话中都有"斯芬克斯"这一形象，但是在不同文明的神话中，它的形象和代表的含义各不相同。在希腊神话中，斯芬克斯是一个雌性的恶魔，象征着神的惩罚。它遵从天后赫拉的指派，坐在忒拜城外的一座悬崖上。所有从这里路过的行人都必须回答它的一个谜语：什么动物早上的时候用四条腿走路，中午用两条腿，而晚上用三条腿。如果回答错误，斯芬克斯就会将对方杀死。——译注

果遇到了一些反复出现的词汇，或者某些词语，他们就会立刻变得灵活起来，经过精妙的处理以后，这些形象所具备的能量非常强大，能够使群众发生叛乱，反之群众的叛乱也可以因此而被制止。在历史上有很多人因为各种词语和话语的煽动而死亡。这些人尸体所堆成的金字塔，恐怕要高于古老的基尔布斯金字塔[①]。

当词语与和它相适应的形象联系在一起时，它产生的能量将非常大，此时的词语已经被赋予了全新的含义。词语的语意越模糊，能够产生的影响力就越大，比如"社会主义""民主""自由""平等"等词语，它们的定义是不明确的，或者是含糊的。它们到底是什么意思，就是大量学术著作也无法解释清楚。不过，这几个含糊的词语的魔力非常大，他们好像能够解决所有问题，就像是一把万能钥匙。潜意识中差别很大的理想，以及要实现的希望，都在这些词语上有集中体现。

有些套话永远比说理和论证强大，这些词语和群体是相伴相随的，只要群众听到了这样的词，就会五体投地，进而产生崇拜之情。在人们心中，这是一种秘而不宣的力量，甚至超越了自然的力量。它之所以具有这种力量，就是因为含糊不清，人们心中伟大的印象被唤醒，它躲在圣殿的后面，群众只能够恭恭敬敬地朝拜它。

词语自身的含义恐怕还没有被它引导的形象高明。随着时代的变化，这些形象也会发生变化，当然其含义也会因为不同

---

① 基尔布斯金字塔即胡夫金字塔，位于埃及吉萨。基座面积约13英亩，高455英尺（原本为481英尺，但由于长年风雨侵蚀，高度下降），宽756英尺。——译注

的种族而有所不同。不过，有些话是不可能变化的，短时的形象，总是和一些词语有所关联，词语就像是用来唤醒它们的电铃按钮。

我们要清楚，并不是所有的套话都有这种力量。只有在某个具体的阶段，这些词语才能够唤醒形象，才具有这种力量。不过它会渐渐地失去这种力量，听到它群众不会再热血沸腾。这个时候，人们就没有必要再对它考虑什么了，它成了没有用处的空话，在学校里的时候，年轻的我们已经掌握了一些词语和套话，虽然不多但足够让我们不去思考，而能在生活中左右逢源。

略微研究一下语言，你就会发现，虽然时代在变化，但语言所包含的词语却变化甚微。不过，这些词语代表的形象却不断变化着，特别是人们将词语的含义具体化时。所以想要精准地翻译一种别的语言，尤其已经消失的语言，几乎是不可能的。解读几百年以前的古老语言写成的书籍，将希腊语、拉丁语或《圣经》里的词句翻译成法语，我们这样做到底能得到什么？我们现在的生活完全不同于古代人的生活，而我们所做的，只不过是把古代生活中的一些观念和形象，用现代生活中的一些观念和形象取代了。而古代生活中的观念和形象是古代种族大脑中产生的。大革命时期，人觉得是在像古罗马人或古希腊人那样行事，其实他们什么都没有做，只是使古代的词语内涵被扭曲了而已。

那么，今天我们的话语中所说的和希腊人的制度相同的制度，和真正的希腊时期的制度，到底还是不是同一种制度呢？

那个时候奴隶制是共和国建立的基础，从本质上来说，这是一种贵族统治的制度，构成要素包括无条件听命的奴隶和专制暴君，如果没有奴隶，就什么都没有。

同样的情况也适用于"自由"这个词。假如某个地方完全没有思想自由，那么我们今天赋予自由的含义与自由本身的含义有什么相似之处？斯巴达人或者雅典人眼中的"祖国"，指的就是斯巴达或者雅典这两个地方，没有别的意思。它不可能表示整个希腊，因为其他城邦可能会与自己的城邦为敌。在古代的高卢人那里，"祖国"这个词又是什么意思？其实是共存但相互敌对的种族和部落，这些部落信仰不同，使用的语言也不同。恺撒之所以总是能够找到自己的朋友，并且很容易地控制住他们，就是因为他们自身并不团结。是罗马人统一了这些部落的信仰和语言，为高卢人建立了一个国家。我们不说远的，"祖国"这个词语，今天的法国人是怎么理解的，200年前的法国人是怎么理解的，他们的理解可能会与伟大的孔代①的理解相同吗？不过，这个词自身并没有什么变化。过去的法国保皇党人认为法国已经变节了，已经堕落了，所以他们跑到了国外去，他们认为自己离开了法国也是遵守高尚道德的行为。封建社会中的大臣不是和土地联系在一起的，而是和君主联系在一起的，那个时候祖国的代表就是君主，很明显，现代人对祖国的认识与当时人对祖国的认识是非常不同的。

---

① 孔代即旺多姆家族（现代的波旁家族）的后裔，从法国波旁王室逃到西班牙的一个支系。该家族与其他贵族想比，具有较好的教养，其中有几位人物闲暇时还搞搞文学。——译注

随着时代的变化，很多词的含义都已经发生了明显的变化，我们只有建立在对过去极力了解的基础上，才能够理解这些词语。有些人尖锐地指出，需要做很多研究工作，才能知道我们曾祖辈是怎样理解"王室"和"国王"这种称呼的。所以我们能够想象到，如果研究那些更复杂的概念，可能会遇到多么大的困难。

所以词语只是一个短暂的含义，它并不是固定不变的，随着民族的不同和时代的变化，词语也发生了变化。想要影响群体，如果使用语言，就要知道在那个时代群体赋予了它哪些含义。

虽然有些事物和传统联系密切，并没有发生什么改变，但词语总会变动。每当遇到信仰危机或者政治运动，有些词语所唤起的形象就会被人们厌恶。一个真正的政治家，总是会竭力改变说辞，当然还要保留事物本质。机智的托克维尔①很早就提出，将曾经的很多制度换一种称谓，就是统治者的具体工作，也就是说，要使用一个新的说辞，避免群众将之与之前糟糕的形象相联系。短时间内，它们看不出和过去有什么联系，好像是新鲜事物，比如，"土地税"取代了"地租"；"盐税"取代了"盐赋"，曾经的徭役换成了间接摊派，商号和行会也不交税款了，但有了一项新的费用：执照费。就是这样。

---

① 阿历克西·德·托克维尔（1805—1859），法国历史学家、社会学家。主要代表作有《论美国的刑事制度及其对法国的应用》（与古斯塔夫·德·博蒙合著，1833年）、《论美国的民主》第一卷（1835年）、《论美国的民主》第二卷（1840年）、《旧制度与大革命》《回忆录》《美国游记》。其中《论美国的民主》使他享有世界声誉。——译注

所以，政治家要做的最基本的事，就是警惕一些没有人在注意的、民众极其怨恨的旧事物的名称，还有一些流行用语。如果能够合理地使用这些名称，即使是最糟糕的事情，民众也可能会接受，这时就能知道它有多么大的力量。泰纳曾经提出，雅各宾党人正是使用了当时最为流行的两个词汇——"博爱"和"自由"，所以才建立起了专制政权，这种政权几乎能够和达荷美相媲美。他们建立起了审判机构——基本和宗教法庭相似，所以才开始了一场人类的大屠杀，这种屠杀早前曾出现在古墨西哥人中。

　　在这方面统治者首先应该学会灵活地使用词语，这项工作就像是律师。要做到这一点，掌权者往往会遇到一个很大的困难，那就是在当下民众中通用的某个词语，对于不同的阶层来说其含义是不同的，表达时用的是一个词，但表达出来的意思是不同的。

　　在上面说到的各种案例中，时间是词语含义会发生改变的主要因素。其实，种族因素也是一方面。在同一个时代，在种族不同但文明程度相同的人间，同一个词会表达出不同的语意，这样的事很常见。对于其中的区别，大部分人都不能够理解，所以这个问题我不会进行深入的研究。我只想提出，比如像今天流行的"社会主义"和"民主"这样的词，在群众中出现的频率最高，所以在不同的民族中，这些词含义的区别非常大。

　　其实，在盎格鲁-撒克逊民族和拉丁民族的语言中，"社会主义"和"民主"这两种思想观念是完全对立的。拉丁民族认为，"民主"指的是国家和集体的志愿，个人的意志只是附属品，所以集团会垄断和操控一切，国家的力量越来越强。不管是社会主义者、激进派，还是保守派，都会以国家为中心，把国家当靠山。而在盎格鲁-撒克逊人眼中，"民主"的意思是个人利益至上，国家要尽可能地为个人服务。在这一点上，美国更甚。国家只在外交、军队和政治上发挥作用，个体的任何事情，包括公共教育，国家不得进行干预。只是"民主"这个词，就可能在一个民族中指个人意志高于国家意志，但在另外一个民族中指个人意志要服从于国家。[1]

（2）幻觉

文明的诞生，标志着群体自此生活在幻觉当中。那些创建幻象的人，受到群体的崇奉，人们为他们设立祭坛进行祭拜，以至于庙宇兴盛，雕像林立，他们所做的事总令其他人望尘莫及。幻象虚影藏匿于各大文明的精髓当中，有的是过去的宗教幻觉，有的是当今的社会幻觉或哲学幻觉，它们拥有世上最强大的力量。它们引发了古巴比伦和古埃及的庙宇狂热，促进了中世纪宗教建筑的兴盛，诱发了一个世纪前那场波及全欧洲的浩荡风暴。我们所有的政治韬略、艺术理念和社会学说，都受到它们的深刻影响。当然，人类偶尔也会掀起一场场动乱，试

---

[1] 拉丁民族和盎格鲁-撒克逊民族在民主的理想上有很大的区别，我在《民族进化心理定律》中提到了这个观点，并且用很多文字进行论述。布尔热在旅行回来以后，在《海外》这本书中也作过解释。我们两个人的结论基本一样。——原注

图消灭这些幻觉，但是它们总是能够死灰复燃，再次苗壮成长，因为人们注定离不开它们。如果没有幻觉，人们就无法摆脱原始的野性，即便取得了一些成就也会很快再次回归原点。尽管它们只是幻影，看不到摸不着，但是这些幻觉和幻象却繁衍出了高度的文明，令各个民族创造出了灿烂辉煌的艺术。

设想，我们梦寐以求的人类文明，在失去了图书馆和博物馆，失去了陈设在教堂的神像和一切与宗教有关的作品后，还会剩下什么？人们想要活下去，就不能没有希望和幻想，否则他们宁肯快点死去。我们之所以需要英雄、诗人和神灵，就是因为这个原因。长达半个世纪以来，科学已经肩负起了这一重任，但是科学充其量只能实事求是，无法做到虚构一个美妙的愿景，让人们得到称心如意的应许，以满足人们对幻想的需要。（丹尼尔·勒絮尔）

18世纪的哲学家，致力于打垮我们的祖先长久痴迷的社会幻想、政治幻想和宗教幻想。他们成功了，但同时也毁灭了与之形影相随的希望和顺从，当幻想被摧毁后，剩下的只是死板而冰冷的自然力量。这种力量可没有菩萨心肠，不会怜悯弱者。无论哲学向前迈了多少步，迄今为止人们无法从哲学身上获得归属感。无论付出多大的代价，群体都需要拥有自己的幻觉。所以他们像飞蛾扑火一样，情不自禁地归顺于那些舌绽莲花的宗教领袖。让一个民族进步的力量，永远不是真理，而是谎言。为什么社会主义能够深入人心？因为它缔造的幻觉让人觉得新奇、生动。它不需要科学依据来支撑就可以屹立不倒。因为社会主义的信仰者，能够在现实社会之外虚构一个梦幻天堂。社会主义幻想一直鼓吹它才是人类的未来。反观冷冰冰的科学，只能遭人们白眼，因为真理这玩意儿从来就不是大众百姓的追求。他们更愿意去祈祷，去做礼拜，因为能获得十分诱人的应许，哪怕是骗人的。他们情愿让一个能赋予他们幻觉的人当主人，同时铲除任何对他们的幻想构成威胁的事物。①

（3）教训

想要让群体接受有益的真理，只有经验教训才能做得到。同样，能够有效约束甚至熄灭过分危险幻想的，也只有经验教训。所有的手段中，只有经验才是最行之有效的。但想要达到这一效果，是有前提的，那就是这样的经验教训被群体普遍认识到，且一而再再而三地出现。因为纵观古今，

---

① 我们在前面已经深入浅出地探讨了群体对于一个问题的见解是如何形成的。最终形成群体见解的因素，在一开始时只是东拼西凑起来的散乱观点。法国国民自卫队组建初期，成员只是一群善良的店铺小老板，犹如一盘散沙，没有人认为他们以后会成气候。这导致一个结果，之后出现了一支名字与它相似的军队，然而人们对它的印象还停留在过去，完全没有引起警觉。不光群体有这种错误的思维惯性，连群体的领袖也扭转不过来。历史上，像这种由偏见引起的大事件比比皆是。奥利弗先生最近出版了一本新书，书中提到的一件历史事件与这种情况非常相似：1867年12月31日，某位尊重民意，绝不将自己的意志凌驾于民意之上政治家——这里指的是梯也尔先生（译注：法国政治家、历史学家，奥尔良党人），在一次内阁讲话中强调，普鲁士除了一支常规预备军和国民自卫队之外，再没有其他力量，根本不值一提。他认为没必要紧张于普鲁士的国民自卫队，因为它并不比法国的自卫队强大。——原注

前一代人所总结出的教训，对于下一代人来说并没有多大的影响力，哪怕是真实发生过的，效果也十分羸弱。这种失败意味着，即便是普遍性的经验教训，也必须反复经历，才能够真正起到作用。

历史学家把19世纪以及之前的那些年代视为传奇时代，没有任何时代比这个时代所进行的探索和所获得的经验教训更丰富。

其中最了不起的探索就是法国大革命。人们试图颠覆一个传统的社会制度，然而没有任何理性的指导，以至于成千上万的人枉死。在那二十多年里，整个欧洲都动荡不安。我们通过这样的经验教训看到，对于一个拥护独裁者的民族来说，自身所需要付出的代价有多么沉痛。前后经历了五十年的动乱式尝试，所获得的成果只是满目疮痍。然而即便是这么惨重的代价，也没有让人们彻底警醒。第一次尝试中，一次大侵略夺走了三百万人的生命。第二次尝试后，人们领悟到军队对于一个国家来说意义多么重大，代价是大量的战争赔款和领土的沦丧。第三次尝试目前还没有发生，但好像正在酝酿，至于哪天会爆发，谁也说不准。我们这个民族，只有在经历过一次惨痛的战争后，才愿意相信如今的德国军队早已和三十年前背道而驰了，它所代表的不再是自卫和和平。同样的道理，一个实行贸易保护的民族，只有在自食其果后，才能认识到那种尝试只会把自己搞垮。似乎是为了使这个结论更具有说服力，当初这个尝试进行了二十多年才肯罢休。这样的例子不胜枚举。

（4）理智

在列举哪些因素能够对群体心理产生影响时，必须提一提理性，因为理性的影响有时会产生负面的价值。

众所周知，能够主导群体的，通常是东拼西凑起来的形象观点，而不是抽象的理性主张。一些深谙其道的演说家，是不会试图用理性来影响群众的，而是利用群众的情感。定理、规律、逻辑这些东西，不能激发群体的丝毫兴趣。[①]只有先搞清楚什么样的情感能引起群众的共鸣，并因此把自己带入这样的情感，哪怕是装模作样，只是把一些脍炙人口的暗示性词语用最粗浅的方式排列组合一下，就能改变群体的观念，取得他们的信任。想要让别人接受你的观点，就绝对不能着急，要不紧不慢地提出，还要斟酌你的措辞来迎合讲话氛围，这样才能达

---

① 有一次我在巴黎被人群围困，之后发生了一件事，让我明白，想要用自己的意志影响一个群体，根本用不着讲逻辑。这天，一群义愤填膺的人们押送着一个将军来到卢浮宫前（当时的政府所在地就是卢浮宫），原因是他们怀疑他把防御计划泄露给了普鲁士人。人们坚称他是卖国贼，强烈呼吁政府马上处死他。正闹得沸沸扬扬时，有一位奉命把将军从人群中解救出来的政府官员出面了。我原以为他会跟人们讲清楚，这位将军本来就是防御计划中的一员，而这种防御计划随便哪个书店都能轻易买到，以此证明大家冤枉了他。可是后来，这位官员根本没有使用这种论证法，他使用的方法与我所设想的完全相反。我当时太年轻，根本不能理解其中的道理。那位政府官员并不是针对群众进行苦口婆心的劝说，而是说："正义永远是正义，无人能亵渎它，无人能逾越它，国家政府听到了你们的呼声，会进行公证判决的。在做出最后的判决之前，我们要先把他关押起来。"这种以退为进的讲话方式，出人意料地平息了群众的愤怒，很快人群就散开了。过了仅十几分钟后，这位将军就回到了自己的家里，被无罪释放。我不禁设想，当时的那位政府官员如果用的是讲道理摆事实的方法，进行逻辑的推断论证会是什么结果。那肯定会让义愤填膺的群众更加怒不可遏，继而将那位将军逼上死路。我当时因为太年轻，脑子里想的只是以理服人这种下下之策。——原注

到最佳效果。因此在演说之前根本没必要设想如何演讲，紧张兮兮地做准备工作。越是准备充足的演讲，越难使自己的观点让旁人接受，因为这样的演讲，不是听众想要听的，而只是演讲者自己想要说的。

通常，富有逻辑的讲话深受理性主义者青睐。当他面向群众进行演讲时，不知不觉就会使用这样的讲话方式，而这种摆道理讲事实的方式，根本不能引起群众的积极回应，甚至群众根本听不进去。有一位逻辑学家写过这样的话："只要是基于数学模型的三段论结论，一般而言都是立于不败之地的。就算是无机物，在这种恒固而稳定的性质面前，也会对这些结论表示认同的，除非它连这种公式的演算方式都一窍不通。"我想他的话并没有错误，但实际上群体有时候比无机物的理解能力还要低下，甚至还可能完全丧失理解能力。对原始的大脑，比如儿童的大脑或野蛮人的大脑，讲道理是毫无作用的。这个例子足以让大家看清这种说法有多么可笑。

实际上，我们不需要这个例子也心知肚明，理性在情感面前是多么不堪一击。几百年前的宗教连最简单的逻辑都不具备，但是我们知道它们有多么强大。将近两千年的时间里，即便是最睿智的天才也要被它们踩在脚下。中世纪和文艺复兴时期的理性人才多如繁星，可是他们从来不会用理性思维来剖析自己，让自己看清自己的另一面实际上有多么幼稚而迷信。哪怕当时的封建制度造下了多少罪孽，刑罚多么惨无人道，他们也从来都没有表示过质疑。直到社会发展到现在，宗教在群体中的真实性才略微被减弱了一些。

　　然而，当我们明白了群体从不受理性指导后，需不需要捶胸顿足呢？答案是不需要。人类之所以能够在文明大路上前行，其动力源泉正是激情和狂热，而不是人类的理性，这是毋庸置疑的。而激情与狂热便是源于幻觉。这种我们意识不到的力量，也即幻觉，是最强大的支配力量。不管是哪一个民族，其精神结构都拥有一定的必然规律，而这些规律制约着该群体的任何一种冲动，也决定着该民族的命运走向。每个民族，很多时候都要受到一些神秘力量的左右。这种力量完全不亚于能让种子长成大树，让星辰按照特定轨道运行的那种力量。

　　想要认清这些力量，我们不能单看一两个孤立事件，而是要针对一个民族的进化过程进行整体分析。如果只是针对孤立事件精钻细研，那么我们看到的历史，也只能是一系列偶然事件的拼凑。而那位创造了众多重要文明成果的加利利木匠①，就不可能被人们视为神灵，被崇拜两千多年了；那位出身于大沙漠的阿拉伯人，也就不可能建立起能超越亚历山大的强大帝国，甚至不能征服希腊和罗马了；那位炮兵中尉，也就不可能在那个技术已经非常先进，各种制度相对完善的欧洲时代，还能征服那么多民族以及它们的统治者了。

　　所以，千万不要想当然地认为最好让理性统御人类的一切事务。理性还是交给哲学家来捣鼓就好了。理性是存在的，但理性并不是推动文明进步的原动力。实际上，是民族主义、爱国主义、宗教信仰、尊严以及对荣誉的追求等这些情感因素推动了文明的进步。

---

　　①指耶稣。——译注

3. 群体的集权者和驭人之术

（1）群体领袖
服从领袖是一切生物在构成群体后的本能表现　群体领袖的心理　能让群体团结一心甚至产生信仰的只有领袖　领袖的独裁　领袖的类型　意志的作用
（2）驭人之术
断言、反复强调和感染　多种多样的策略　由下而上的感染方式　群众的观点和见解很快就会成为普遍观点
（3）名望
名望这一概念的含义和类别　已有名望和个体名望　多姿多样的现实案例　名望因何受损

群体的精神结构和影响他们的大脑的力量，我们已经有了一定的了解。那么接下来，我们便要对这些力量的作用机理进行探讨，并且看看在实践过程中发挥这种力量的人到底是谁。

（1）群体的集权者

无论是动物还是人，只要聚集到一起，就会本能地需要一个首领。

单说人类形成的群体，有时候其首领可能只是一个微不足道或巧舌如簧的人，然而他的存在对于这个群体来说至关重要。群体成员的集体意愿，往往通过首领表达出来。他是各种类别的人能够形成派别的基础，只有先拥有这样的人，才能构成一个组织。人就和温驯的羊一样，一旦失去头领，就会迷失方向。

组织创立初期，头领只是其中的一员，因为他对某些理念的执迷，致使他抛开一切其他事务，专注于这些理念，渐渐沉迷其中，成为它的奴隶。这时候，但凡出现跟该理念不和谐的主张，都会被他认为是荒谬的、错误的。就像罗伯斯庇尔，他认为卢梭的哲学应该凌驾于一切之上，甚至拿宗教法庭的那种方式来传播它们。

我们这里所说的不是思想型领袖，而是实干型领袖。或许他并没有深谋远虑的敏锐头脑，但正因为如此他们不会前怕狼后怕虎，那种头脑并不是他们必须要具备的。很多时候，他们是从那些情绪高昂、狂热而冲动的人群中脱颖而出的。他们只要拥有了某种信念，哪怕这种信念是错误的，所追求的结果是荒唐而可怕的，也没有人能够扭转他们，一切理性思想都对他们无效。他们面对别人的不理解和忍耐时，可能会变得更加激情高涨，冲劲十足，也可能压根不会去理会别人。他们可以为了捍卫这些信念而牺牲一切，哪怕是自己家庭利益和个人利益。

很多时候他们所热衷的就是一种牺牲精神，他们抛弃自我，完全不考虑自己的利益甚至将生命置之度外。正是这种不顾一切的狂热信仰，使得他们的演说具有了强烈的感染力和鼓舞力。他们知道该用什么样的方式吸引群体，并且让群体接受他们的观念，因为他们知道群体最愿意听的就是生命力旺盛的人所做的慷慨激昂的演说。人在成群结队的时候，个体的主见就会不知不觉被弱化，而下意识地依附于一个形象高大完美的人。

每一个民族都有自己的领袖，但并不是说所有的领袖都具备领袖的品格。有的领袖擅长用蛊惑人心的办法来让群众兴高采烈地顺从他，他更愿意把自己的口才发挥到获取个人利益方面。他们采取这样的手段，很可能会取得巨大的成功，但一直使用这种手段是行不通的。比如避世隐居的彼得①、路德②、萨伏那洛拉③，还有法国大革命中的一些人，他们无一不是拥有着能够让群众痴迷崇拜的狂热信仰，然而他们在令别人狂热迷信他们之前，首先得自己先迷失于某种玄而又玄的理念之中，只有这样他们才可以在大众的灵魂中树立起坚定的力量，即信仰。一种理念完全可以让迷信它的人变成它的奴隶。

不管是政治、社会和宗教方面的信仰，还是对一种观念、

---

① 彼得本名西门·巴约纳，后来耶稣赐其名"矶法"，也即"彼得"，意为"石头"。彼得曾经三次不认主（见《马太福音》），但耶稣并未因此轻视他。彼得晚年时在罗马广传福音，后来罗马暴君下令捉拿他。相传彼得最后被倒钉在十字架上面死，因为他在被处死时对刽子手说："把我倒钉在十字架上吧，我不配像我的主那样，立在十字架上而死。"他的墓室据说恰好位于今日梵蒂冈小教堂的圣坛底下。——译注
② 马丁·路德（1483—1546），基督教新教路德派创始人。——译注
③ 吉洛拉莫·萨伏那洛拉（1452—1498），15世纪后期意大利宗教改革家。佛罗伦萨神权共和国领导人。——译注

一本书籍或一个人的信仰，在信仰的建立阶段，伟大的领袖总是起着至关重要的作用。他们的影响力是非常巨大的。人类所拥有的一切力量，都没有什么比信仰的力量更加强大。《福音书》上就说过：毫不夸张地说，信仰拥有改天换地的力量。如果一个人从没有信仰到拥有了某种信仰，他就会变得比以前强大得多。作为信徒，除了他们自己的信仰之外，别的任何东西都入不了他们的视听，而他们中的籍籍无名者总是能引发一些历史性的重大事件。那些大宗教为什么能传播到世界各地，并且生根发芽？难道是因为哲学家或政治家的宣传，或者怀疑论者的侧面协助？不，不是他们，而是狂热的宗教徒。

上面所讲的那些重大历史事件中，起决定性作用的领袖人物实际很少，历史学家很容易就能给他们进行归纳总结，所以我们在这里只探讨他们。领袖就像蜿蜒起伏的群山，低矮的是小喽啰，高大的是握有最大权柄的主宰。他们可以在一个声音乱糟糟的小酒馆里发挥自己的才华，跟别人讲述着一些令人痴迷的字眼，用自己的狂热来感染和吸引别人。实际上他们说出来的那些话，连他们自己都不怎么懂，但是他们仍旧坚信不疑，认为只要照着这样的想法去做，去付诸行动，所有的梦想和希望都能因此实现。

人一旦处于某个群体中，不管他置身这个群体的底层，还是高层，都会受到领袖的影响。绝大多数人，尤其是普通民众，基本上没有坚持自己主见的必要，他们只需要熟练自己的糊口技能就可以了。所以他们需要领袖来指导他们——领袖的一大作用就是指路明灯。有的时候定期出版的书籍也会担起领袖的职责，不过效果并不是很理想，更多的时候只是成为领袖获取演讲语录的捷径，为他们的论辩提供了现成素材。

作为领袖，通常都很独裁，但正因如此，令其追随者信赖有加。这样的领袖往往没有强硬的后台，但是我们却不难发现，工人阶级中的狂热分子依然乐意奉他们为标杆，唯命是从。他们下达命令后，工人们会根据他们所规定的时间和薪水制度立马干得热火朝天，或者听从他们的呼吁随时罢工或恢复正常。

当今政府的权威已经越来越孱弱，这是因为政府的不作为所导致的。这样的大好机会便被那些领袖或者煽动者所利用，他们比政府更懂得如何让大众服从，哪怕他们实行的是暴政。群体一旦失去了领袖，就会变得脆弱，很快分崩离析。巴黎发生过一起公共马车的罢工事件，但是后来两个带头的罢工者被抓捕以后，罢工的雇员立马就不了了之了。老百姓对于自由的追求其实非常微弱，他们的骨子里其实是希望当奴才的，而且这种渴望异常强烈，他们愿意盲目跟随任何一个主人。

精通煽动手段的领袖，可以分成两种类型。其中一类是那种意志并非永远坚忍不拔，只是容易一时冲动的人。第二类领袖比第一类要少得多，但他们拥有恒久的顽强意志。第一类领袖往往是通过一次突如其来的暴动，依靠自己的冲动和蛮力，在一夜间变成传奇英雄。内伊[①]和缪拉[②]这两位第一帝国时代的

---

① 米切尔·内伊（1769—1815），法兰西帝国"军中三杰"之一。35岁被授予帝国元帅称号，39岁被封为埃尔欣根公爵。——译注

② 若阿尚·缪拉（1767—1815），法国军事家，拿破仑一世的元帅。曾任贝尔格大公和克莱沃公爵。41岁成为那不勒斯国王，在位8年。1815年被奥地利军事法庭宣判有罪，被枪决。——译注

人物就是这样成功的。我们这个时代也有这样的代表人物，比如加里波第①。他是一个精力旺盛的平庸者，因为带领着一小队人马把军队纪律严明、传承古老的那不勒斯王国攻占下来而一举成名。

但这类领袖往往无法久居其位，尽管他们精力充沛，但是等让人振奋的事件冷却后，他们再想充当领袖就捉襟见肘了。他们能够在之前的事件中带兵领将，但这样的英雄一旦回到平淡的日常生活当中，他们性格中的让人不堪忍受的缺点就暴露无遗了。越是简单的环境，他们越是无法控制自己的行为和头脑。实际上在多数情况下，他们本人也是追随更高领袖的人，他们也需要别的某个人或者主义来指导他们怎么做，如果没有了具体的计划和步骤让他们循规蹈矩地执行，他们就会迷失方向。

对比之下，第二类领袖通常都是默默无闻的，但是他们的意志力更加恒久，对群体的影响力也要远比第一类领袖强大得多。这一类人是那些宗教团体、行业领域的真正开创者，比如圣保罗、哥伦布和德·雷塞布。他们有的人雷厉风行，有的人英明睿智，但这些都不是他们获得整个世界的关键因素，让他们足以征服并拥有世界的，是他们身上的那种顽强而持久的意志力，以及普通人望尘莫及的巨大能量。或许他们所取得的成就，并不是所有人都赞同，但是那些成就是他们靠自己的坚强

---

① 朱塞佩·加里波第（1807—1882），意大利"建国三杰"之一（另外两位是撒丁王国的首相加富尔和创立意大利青年党的马志尼），领导过多次军事行动，一生都在为意大利的统一运动而奋斗，最后病死在卡普雷拉岛。——译注

意志所取得的，无论是帝王还是上帝，都无法阻挡他们的前进步伐。

我们拿一个就近的例子来看一看第二类领袖能够取得什么样的成就。把世界分裂成东西两半的德·雷塞布①，完成了过去三千年来连最伟大的统治者都无法完成的伟大工程。后来他年纪渐大，体格大不如前，但仍旧投身于相同的事业上，最终倒在了自己的岗位上。衰老是人世间的任何事物都无法避免的。

要是我们知道开凿苏伊士运河所需要克服的困难，就能明白意志的力量能够帮助我们完成什么样的事业。一位当时的参与者将这项不可思议的工程所遭遇的所有坎坷，都记录了下来，让读者们震惊不已。

　　他每天都会对别人讲述那个感人肺腑的和运河有关的故事，无论当时他正在做什么。他告诉别人他是如何制造奇迹，力排众议，并克服所有困难，让所有干扰他的势力最终都归顺于他的。他说他从来没有因为遭遇到意外、挫折和失败而心灰意冷，一蹶不振。他说当时的法国人和埃及人对他冷嘲热讽，认为他不可能完成壮举，法国领事馆还在工程刚刚展开的阶段带头来阻挠他，英国政府也对他施加压力，还有其他的各种各样的破坏行动。有人停止供

---

① 1854年埃及总督授权德·雷塞布开通苏伊士运河，1869年这条运河正式通航。1883年德·雷塞布又带领"法国洋际运河公司"开通巴拿马运河，但由于环境恶劣、人为干扰以及雷塞布自己的失误等原因，最终没有成功。——译注

应工人们的饮水，想用这种办法来驱逐工人。而以前的所有经验丰富、技术过硬并且有责任心的人员，忽然间都站在了他的对立面，比如海军部长和工程师。他们依据科学理论断言，他正在酝酿一场灾祸，而灾祸很快就会降临，他们甚至像预测日食和潮汐一样精确计算出了灾难发生的时间。

记录伟大领袖事迹的书籍实在不多，然而他们的名字注定了要和人类历史上最重大的事件联系在一起。

（2）领袖如何让他人信服自己：断言、重复强调和感染

如何能在最短的时间内鼓舞群众，让他们义无反顾地冲锋陷阵或大肆劫掠？答案是塑造榜样，让大众在榜样下快速做出反应。但是这个榜样需要提前树立好，这样才能达到目的。榜样是通过自身具备的特质来影响群体的，而我把这种特质称为名望。

领袖在试图影响群体时，会采用多种多样的手段，比如精心措辞、引经据典（如现代的各种社会学说）。所有的手段中，最行之有效的有三种，分别是：断言、重复强调和感染。它们潜移默化地发挥着持久的效力。

让群体接受某种理念的最有效方式，是简单粗暴的断言，而不是现实依据和理性推断。决断性的言辞虽然看起来非常简短，好像没有立得住脚的证据和充足的说服力，但却拥有着强

大的影响力。在各个时代的宗教典籍以及其他经典当中，都不乏这种简单粗暴的决断性言辞。谁最明白决断性言辞的意义和价值？无疑是那些油头滑脑的政治家和擅长利用广告推销产品的推销商。

当然，想要让断言具备更强大的影响力，还需要用一成不变的词汇重复强调才行。拿破仑曾经说过一句话，我认为是非常正确的，他说效果最棒的修辞方法只有一个，那就是一而再再而三的重复。通过不断重复那些决断之辞，才能在群体的头脑中留下深刻的烙印，最终被他们当作真理一样铭记在心。

重复强调的力量足以对那些最理智、清醒的头脑产生影响。而普通群众受到的影响就更不用说了。为什么重复强调拥有这么惊人的力量呢？因为我们的大脑中有一个无意识的自我，我们的行为动机就是在这个区域形成的，而重复强调能够影响这个区域。哪怕我们会在一段时间后忘记当初重复强调这一观念或主张的始作俑者，然而这一个被重复强调的观点却清晰地烙印在了我们的脑海里，成为真理。这也是广告为什么会具备强大影响力的原因。

"最棒的巧克力是某某牌巧克力。"

如果这句广告词总是在我们耳边萦绕，我们就会觉得周围的人都是这么认为的，最后我们自己也会相信最棒的巧克力就是某某牌巧克力。

要是我们总是听到"某重病患者因为服用了某种药物而康复"，当我们自己患上了类似的疾病时，就会不由自主寄期望于这种药物，去尝试一番。如果某家报纸上天天宣扬X先生是个老实巴交的好人，而Y先生是个不知悔改的混蛋，我们读的次数多了就会认为这是事实。除非恰好有另一家报纸重复宣传了相反的观点，把对X和Y先生的观感对调了一下。

重复强调和断言都具有强大的作用力，如果分别把它们使用在相互对抗的观点上，那么各自的影响力就会相互抵消掉。

如果异口同声地用恰当的方法重复强调一则断言，它就会变成大众的普遍观点。并且在这个过程中，还会获得强大的感染力。某些金融投资项目中，大部分投资者都会轻而易举地被金融巨鳄吞并，就是这个道理。无论是信仰、理念，还是情感或行为，都能够像流行性感冒一样，迅速地在人群中蔓延开来。这是一种自然而然的普遍规律，就连动物群体当中也会发生相似的情况。比如养在同一猪圈里的猪，如果有一头猪拱翻了泔水槽，其他猪也会纷纷效仿。再比如羊圈里养着一群羊，只要有几只羊发出惊恐的叫声，就会引得其他的羊也跟着叫起来。人类的情况如出一辙。恐慌的情绪在人群中的蔓延就如同传染病一样，起初毫无预兆。模糊的思维，受到传染更为迅速。我们都知道，精神治疗师会时不时地出现一些精神问题。有的恐慌还能由人类传染给动物，比如广场恐惧症等这类最近发现的奇怪疾病。

这样的传染方式，并不一定非要一群人同时聚集在同一个地方才会发生。有时候相距遥远的人也会受到影响，他们的思维会发生向同一方向倾斜的现象，这一特征是群体所固有的。我们因此可以感受到感染的力量。假如还有一些间接因素起到影响作用，并且人们有了一定的心理准备，可能情况还会更加严重。1848年巴黎爆发了一场革命运动，之后其他国家也受到波及，政权摇摇不稳，革命浪潮几乎席卷了大半个欧洲。

有些影响表面看起来应该归咎于相互效仿，实际上是一种被动的传染。我在先前的论著中已经详细论述过这种影响力了。我在十五年前就说过的话，在这里依旧适用。下面我将陈述一些观点，这些观点获得其他人的认同，并且他们在近期出版的作品中进行了更加深入的探讨。

人和动物在模仿的天性上是别无二致的。对于人类来说，模仿是一种易如反掌的事情，所以人必然会去模仿。时髦和新潮的力量之所以格外强大，正是因为人会不由自主地去模仿，这是人的天性。时尚的服饰打扮、思想观念、文学著作等等，通常是没有人敢站出来唱反调的。引领大众风向标的，永远是榜样作用，而不是理性结论。无论什么时代，都会有个别个性突出的人受到大众无意识的模仿。尽管这些人追求一种标新立异的效果，但他们并不是要摆脱普遍观念，而正是在遵从它。他们这样做，只是为了增强自己对周边人的影响力，因为不这样做，想让别人模仿他们无异于异想天开。所以，过于前卫的弄潮儿，反倒不会对他所生活的时代产生太大的影响力，因为在传统和新潮间一旦产生鸿沟就过犹不及了。为什么东方民族对于欧洲人的高端文明不屑一顾呢？正是因为两者的差异太大。

以史为鉴和榜样的作用，能够影响整个国家的人，乃至整个时代的人，这导致人们具有了相似性。这是从长期的发展来看的。有些知识分子、博物学家和哲学家，表面上看没有受到这两项因素的双重影响，实际上他们身上的相似性更加严重。比如他们之间极为相似的艺术风格和思想意识。我们甚至能够从他们身上的相似性，轻而易举判断出他们属于哪一个时代。我们能通过观察这种相似性，判断一个人读过什么书，生活环境如何，喜欢哪些娱乐项目等等，我们甚至不需要与他交谈太长时间。[1]

感染的力量是非常可怕的，它足以控制一个人产生某种感情倾向，或者接受某种观念。有一些具有时代性的著作，比如《唐豪塞》[2]，在某个特定的时期却遭到大众的贬抑，这也是感染在起作用。而几年之后，那些以前批判过这本著作的人又忽然一窝蜂跑出来褒奖它，这同样是感染的作用。

感染的这种巨大影响力，使得群体的观念和主张得以传播和普及，而理性论证是完全起不到这种作用的。就当今社会而言，在工人阶层中流行的许多观念，都是来自于公共场合，由断言、反复强调和感染所造就的。让群体建立信仰的方式虽然各个时代所表现的特征各不相同，但基本模式如出一辙。勒南

---

① 请参考勒庞的《人与社会》第二卷116页。——原注

② 瓦格纳的作品《唐豪塞》是一部三幕歌剧，1845年10月在德雷斯顿皇家歌剧院首次演出。这部歌剧通过纯洁爱情与感官爱情的对比，强有力地彰显了两者之间不可调和的矛盾，作品从始至终都充斥着一种"救赎"思想。它还反映了另一种思想，即当时德国文化阶层追求情感自由的真情实感。这部歌剧以音乐剧的方式来讲述故事，被李斯特誉为"依故事而创作的交响诗歌剧"。——原注

形容基督教的最早创立者时说："他们在任何公共场合传播自己的信念，就像社会主义梦工厂的工作人员一样。"而伏尔泰则说："接受它的是什么人？是一百多年来最无药可救的社会渣滓。"

我在这里需要强调一下，感染对上层阶级所产生的影响，和对大众群体所产生的影响是一样的。我们前面已经谈到过类似的情况了。就拿社会主义信条来说，第一批受感染者注定会为它抛头颅洒热血，而它依旧在以飞快的速度感染更多的人。它的感染力量实在太可怕了，所到之处几乎所有人都会被它感染，人们甚至会被它剥夺掉个人利益的意识。

我们通过上述事实可以得出这样一个结论：但凡是被大众认可的理念，最后必然会感染社会上层，而后它会探出它的根须牢牢盘踞在那里。即便这种理念是错误的，也不影响这种无坚不摧的可怕力量把它推到绝对上风的地位。社会下层对社会上层的这种逆向作用力听起来很不可思议，实际上是因为普通百姓的信念往往起源于一种更加深刻的观念，只不过它在诞生的时候或者诞生的地方并没有表现出作用力罢了，而这种更为深刻的观念传到煽动家或者领袖那里时，就拥有了利用价值，因此被接受。他们会给这种观念整容，直到把它们歪曲成自己所需要的东西，并成为它的创始人，然后再把这种被歪曲的观念返还给大众，创建更加歪曲的党派或宗教。普通大众通常是发现不了这种偷偷摸摸的改造的。

大众接受一种理念，再将这种理念传播为普遍的真理，给了它立足之地，它就会向着一个民族的高层进行渗透传播。实际上我们翻阅历史不难发现，这种作用并不是直接的，表面上看起来更像是智慧的结晶，世界命运的转折。哲学家们的思想也是通过我所陈述的这个过程逐渐实现的，当最初提出它们的先哲埋入黄土好多年后，它们才最终战胜了大众，拥有了一席之地。

（3）名望

任何观念都可以基于它的诞生环境而获得一种强大的力量，并通过断言、重复强调和感染这种模式得以大范围地传播。当经历完这一整个过程后，它们就被附加了一种令人震惊的力量，即名望。

名望是一种能够强化世界上任何统治力量的力量，不管这种统治力量是一批人，还是一种信念。名望的力量是无与伦比的，这个词的含义我们所有人都非常熟悉，但是在具体运用它时却是不一样的。所以，因为它具有上述特征，我们想要准确定义它非常困难。人们对名望所表现出来的情感也不尽相同，有时候它令人感到敬畏，只能俯首膜拜，不敢有丝毫亵渎；有时候它让人感到欣慰，令人向往和羡慕。那么最显赫的名望该归谁所有呢？是死人，比如亚历山大、恺撒、释迦牟尼、穆罕默德。他们已经不能再令我们产生畏惧的感觉了，因为他们已经成为历史。但是我们却会对某些虚构出来的神灵产生畏惧感，比如传说中居住在印度地下神庙中的那些恐怖神灵。我们绝不会仰慕这样的神灵。

名望在现实生活中，可能是某部作品、某个人或者某种观念强加给我们的大脑的支配力。它的作用非常强大，能够让我们产生好奇心、敬畏感，甚至经常剥夺我们的判断力。这种感觉非常不可思议，就和其他的情感表现一样，比如我们遇到魅力非凡的人时，就会生出一种不可理喻的幻觉，两者的情况极为相似。获得权力的一切必要途径，最重要的就是名望，如果缺失名望，其他的就都显得苍白无力，哪怕是美丽的女子、帝王或者神明也一样。

关于名望的玄机多不胜数，但是总体可以归纳为两个大类，一类是与生俱来的名望，一类是后天获得的名望。前一类名望主要来源于家世身份、荣耀、财富，由这些因素获得的名望完全不必依托个人名望。后一类名望是独属于个人的，它可以依托于家世身份、荣耀和财富，也可以超越它们，还可以独自彰显。

先天名望和人为赋予的名望是最普遍的名望。有时候即便某个人并没有煊赫的事迹，但只要他顶着一个耀眼的头衔，拥有不菲的财富，或身处某个高位，就足以闻名遐迩了。比如那些身穿军装的士兵或者身穿法官袍的法官，我们看到他们，总是会不由自主地生出一种敬畏感。帕斯卡尔[①]说，那身法官袍和假发帮助法官实现了一大半的权威，如果没有这些服饰，他的权威起码会折损一半。就连那些以自由和平等为口号的社会主义者都不能免俗，如果给他们一个公爵头衔，他们同样会非常感兴趣。有了这些头衔，他们就可以更加理直气壮地去剥

---

① 布莱士·帕斯卡尔（1623—1662），法国物理学家、数学家、哲学家、散文家。后人为纪念帕斯卡尔，用他的名字命名压强的单位，简称"帕"。——译注

削、敲诈商人了。[1]

上述的所有名望都是通过人彰显出来的，没有人这些名望就是无根浮萍。另外还有一些名望的体现方式不是这样的，比如文学艺术著作中包含的名望和某种观念主义中包含的名望，这一种名望的载体是岁月，没有漫长的时间积累就无法达到相应的效果。什么是历史，历史就是某些经验教训一而再再而三地重复。在历史、艺术和文学领域，这种现象是最突出的。除非它们得到群体的认可，还被赋予相应的称号，否则它们就永不疲累地重复再重复。这一点都不困难，只需要人们把从学校里学到的东西顺口提一提就行了。《荷马史诗》对于一个现代读者来说是多么煎熬的作品，但是没有人敢承认。现在去参观帕特农神庙，除了一堆狼藉还能看到什么？但是历史所附加给他的厚重名望，让那些丢失的价值全都回来了。

---

[1] 军装、勋章和官衔这种东西，在任何国家都对普通百姓有着不可估量的影响力，哪怕这个国家的人民狂热地追求着个人独立意识。前不久我看了一本游记，里面有一段话证明了英国公众人物的名望对普通民众的影响力，它是这么说的："这种场景比比皆是：号称最理智的英国人，总不缺乏某些人因为自己与某个贵族有血缘上的联系、人际上的交往或者仅仅是亲眼看到了那个人而激动莫名。""假设一个人能够通过他所拥有财富而永保自己的地位身份，那么他就能够预判自己会获得民众的拥戴。民众们愿意心甘情愿奉献上他们所拥有的一切，只为跟他建立某种交情。他甚至不需要做别的，只是站在他们面前，他们就会显得红光满面，格外激动。如果他还能随口对他们说一两句话，他们的面部表情就会更加精彩，眼睛里都会泛出异样的光芒，他们会开心、激动得无以复加。我们完全可以这样认为：这些人的骨子里就有崇媚权贵的基因。他们对权贵的热爱，和西班牙人对舞蹈的热爱、德国人对音乐的热爱、法国人对革命的热爱完全不分伯仲。虽然骏马和莎士比亚同样能够赋予他们荣耀感和成就感，但他们对此的热衷远远比不上对权贵的热衷。然而，当他们失去这些东西时，对于他们来说也并不是什么大不了的事。这种情形在很多方面、很多场合都能够体会到。跟贵族有关的书籍向来都销量不错，市场占比的增长态势甚至能比肩《圣经》。"——原注

名望有一个非常明显的特点，它能将事物的本来面目掩盖起来，让我们的判断力陷入瘫痪状态。不管是群体还是个人，对于所有事物的判断都是以一种先入为主的模式提取现成的见解，哪怕这种见解是错误的。这种现象之所以如此普遍，是因为它们具备了名望。

下面我们所要探讨的是个人名望。能够拥有这种名望的只有极少数的人，它不受权柄和头衔的制约，与前面所提到的先天名望和人为赋予的名望截然不同。这种名望的拥有者，就像拥有魔法一样，能够对周围的人产生魔幻般的影响。他们可以没有丝毫驭人手腕，但并不妨碍他们对同阶层的人施加影响力。他们能够把自己的思想和情感强加给周围的人，迫使他们被动接受和服从，就像驯兽师驯服凶狠的野兽一样。

名望对于世界上任何一位伟大领袖都有着至关重要的作用，而他们也无一不具备非常崇高的名望，比如释迦牟尼、耶稣、穆罕默德、圣女贞德①、拿破仑等。无论是某位神明，某位英雄，还是某种教条，只要能够在世界上光辉耀眼，就必然具备一种撼动人心的力量。我们不可以深入探讨他们，一旦深入探讨，他们难免会光辉尽失。

让这些人闻名世界的神奇力量早在他们出名之前他们就已经

---

① 贞德（1412—1431），法国军事家，天主教圣人，被法国视为民族英雄。在英法百年战争（1337—1453）中，她带领法国军队对抗英军的入侵，凭借出色的指挥天分多次打败侵略者。1430年在贡比涅的一次小规模冲突中被勃艮第公国俘虏，英国人借机花费重金将她购买过去，后来由英国当局控制下的宗教裁判所判处她火刑，罪名是异端罪和女巫罪。1431年，她在法国鲁昂被当众处死。25年后她的案子才得以平反。500年后被梵蒂冈封圣。——译注

具备了。我们不妨看一看那位曾经站立在权力巅峰的拿破仑，他因为拥有那种权力，所以拥有那种名望，但实际上他没有获得这种权力之前，就已经拥有那种名望的一部分了，尽管当时他的名声还不算太大。当初拿破仑还很年轻，只不过是一个默默无闻的小将领，有些权势熏天的大人物为了自己的利益（不愿意亲自涉险）把他派了出去，总督把他扔到意大利军队让他当将军，军队里的将领谁都不服他，还暗中打算修理他一下。然而出乎所有人的意料，他们的第一次会面，即打一开始，他就征服了所有的人：所有人都觉得他会成为一位杰出的人物。拿破仑并没有采取任何威逼利诱的行动、举止和言辞，就达到了这样的效果。泰纳在他的回忆录中记述了那场会面的精彩情景：

> 军队中有一个名叫奥热罗的高大威猛、蛮横无理的将领，非常不服气拿破仑，这位匪气十足的武夫怒气冲冲赶来军营，打算让这位巴黎派来的新贵吃瘪。他还没有来军营之前，就听说了很多关于这个将军的传言了，说他有多么强大，但他根本不愿意相信，准备来个一言不发，看他怎么应对。拿破仑的将军头衔，是在镇压过旺代暴动之后，赏识他的巴拉斯①赐予他的。他的校园生涯可以说劣

---

① 保罗·巴拉斯（1755—1829），法国大革命时期督政府中最有权势的人物。有一次他在南方视察，发现了拿破仑，并任命他围攻土伦的法国炮兵司令。葡月13日（1795年10月5日）担任军长，镇压保王党叛乱。他将拿破仑召回，批准他用大炮轰击巴黎街道。拿破仑雾月18日政变（1799年10月5日）后，他的权势下降，以阴谋恢复君主制被逐出巴黎。1805年拿破仑登上帝位后他被允许回到法国，定居于马赛。1815年波旁王朝第二次复辟，他得到准许退隐沙约庄园，彻底脱离政治。1829年去世。——译注

迹斑斑，非但不好好学习，还经常寻衅滋事、打架斗殴。相貌平庸的他，却梦想着当一名数学家。当那些将军跑来军营打算挑衅他的时候，拿破仑却先下手为强，让他们在外面等待，而没有放他们进军营，然后他腰挎佩剑，头戴军帽，以最威严的形象出现在了他们面前。他说自己将要采取军事行动，而后便下达了作战命令，让他们立刻回去准备。奥热罗完全没有说话的机会。当奥热罗离开军营大门的时候，他才像是突然惊醒过来一样，又恢复了从前的自信，大骂不止。他无法理解自己为什么会对那个小个子将军又敬又畏，现在他终于完全同意马塞纳将军的看法了，那个小子就是一个魔鬼，身上拥有一股让人喘不过气来的威严。

当拿破仑成为了不起的大人物以后，拥护和追随他的人把他奉若神明，他同时具备了名望和荣耀，并且与日俱增。有一个看起来比奥热罗还要难缠的将军，大革命时代大名鼎鼎的野蛮将领旺多姆，在见到拿破仑的第一面后，同样被他震慑住了。1815年的一天，他走在杜伊勒里宫的台阶上，身旁是阿纳诺元帅，他对元帅说："我一见到那个小子，就好像被一种魔术控制了一样，我根本弄不清是怎么回事。站在他的面前我就感觉自己是一个小孩子，而他是一个令我害怕的大人，我浑身颤抖，像是被烈火烘烤一样，恨不得能钻进针眼儿里。他简直就是个魔鬼。"

但凡是接触过拿破仑的人，都会受到那种不可思议的魔术的影响。①拿破仑手下有一位叫达乌的将领，他说了这样一段话来表达他和马雷对拿破仑的忠心和奉献决心：

"假如陛下命令我们：'去吧，给我把巴黎夷为平地，鸡犬不留。我能不能贯彻我的政策，就看这一步了。'我敢肯定马雷绝不会把这个消息泄露出去，不过他是个顾念亲情的人，可能会在行动之前通知自己的家人一声，让他们离开巴黎。但是我绝不会这么做，为了大局着想，我无法顾及亲人的死活，因为我要杜绝一切可能泄露消息的隐患。"

我们一定要记住这种能够令人丧失理智的恐怖力量，因为只有这样我们才能明白，拿破仑在被流放到厄尔巴岛那种地方后，为什么还能重返法国东山再起。他重返故土的时候，已经没有一个追随者了，他的暴政早已令法国人民感到深恶痛绝。然而令人无法置信的是，这个国家很快就被他的魔力再次征服了。很多将领原本极为坚定地说要阻止他再次掌权，绝不会给他任何机会，但是拿破仑仅仅只是看了他们一眼，那股神奇的力量就瞬间瓦解了他们的决心。

---

① 拿破仑清楚地了解自己所拥有的名望，而且知道怎么样让自己的名望越积越厚。拿破仑对待周围的人，就像对待马车夫一样，实际上他身边的人又有谁是等闲之辈呢？他们每个人都是国民议会里的佼佼者，随便站出来一个都能让欧洲大地抖三抖。与之类似的故事还有很多，比如在一次国务会议上，拿破仑当众责骂博格诺，就像主人教训一个仆人一样严厉。他走到博格诺身前，声色俱厉地说道："你是蠢货吗？你没长脑子吗？"高大威猛的博格诺听到这种粗暴的训斥，居然俯首帖耳、唯唯诺诺。而后那个小个子伸手拽住博格诺的一只耳朵，使劲地往高扯。"这是一种荣宠，令人难以忘怀。"博格诺却这样写道，"这是一种表达亲昵的方式。当主人生气的时候，就会采用这种动作。"我们通过这些小事可以看清一个事实，人们为了获得名望甚至可以不知廉耻地抓住一切机会往自己脸上贴金。我们不难揣测，如果对方是一个残暴的决策者，肯定不会在乎下属是什么态度。主子的心态从来都是：下属算个屁，不过是有利用价值的工具而已。——原注

"拿破仑从厄尔巴岛逃出来时充其量只是一个囚犯，在法国登岸的时候一个随从都没有。"英国将军阿斯利这样写道。"但是他只用了短短几个星期的时间，就把原本合法登基的国王赶下了宝座，将法国的一切权力机构都掌握在了他自己手里。我想不出还有别的方式能够比这种方式更能证明一个人的能力有多强，影响力有多大。这是他进行的最后一场战争，他的权势从开始到最后，一直影响着同盟国的一举一动，同盟国只能跟在他的计划后面亦步亦趋。只差一丁点儿，同盟国就被他彻底征服了。可见他的这种权势有多么可怕。"

　　直到拿破仑死后，他的名望依旧炽盛无比。而且他的名望依旧与日俱增。他的那位名气平平的侄子之所以能够登上皇帝宝座，就是因为他的超高名望。他的众多伟大壮举直到今天也依旧脍炙人口，可见他有多么强大的影响力。哪怕一个人曾经挑起过无数次战争，让数以万计的人丧命，或者用残忍的手段杀人……只要他能够一言九鼎、当机立断，并且拥有足够高的名望，人们就会自然而然原谅他。

　　上面我所提到的例子可能确实特殊了一些，不过只有这样的例子，才能让我们更好地理解那些伟大的帝国、统治人们的宗教和学说是怎么诞生的。所以我们有必要详细探讨这些案例。不妨设想，如果当初没有名望来保驾护航，或者说名望对群众的影响力没有那么大，那后来所发生的那些历史事件还能够发生吗？

　　建立名望，并不是只能依赖功勋、业绩、权威或人们的敬畏心理，相对平凡的事情也能够建立起名望，而且所产生的力量同样令人震惊。这方面的事例在19世纪有很多，其中有一件事说起来简直骇人听闻——他就是那个把陆地剖成两半，不仅改变了地球的外貌，还极大地改变了人类的通商关系的人。他能够完成这么伟大的工程，当然不能忽视他那坚忍不拔的意志力，然而更为重要的是，他能让别人相信，这是一项功利千秋的不朽工程，他能让周围所有人都跟着他干。虽然在过程中从来不乏巨大的阻力和不计其数的反对声音，但他从来不会把时间浪费在口舌之争上，他只用最后的结果说话，最终他成功了。他身上的那种无与伦比的个人魅力，足以让那些先前跟他作对的人成为他的臂助。刚开始的时候，英国人全力反对他的计划，他们只是站在自己的利益立场上考虑问题，但是当他的双脚踏上英国的大地后，所有的英国人都被他的想法打动了，立刻由极力反对变成了全力支持。有一次，当垂垂老矣的他从南安普顿路过的时候，沿途的教堂特意为他鸣钟送行。而今英国人又打算为他树立雕像，正在筹备中。

他克服了摆在面前的自然困难和一切人为的阻碍，不管是岩石、沙地、沼泽，还是是非和人，都不能阻挡他的脚步。他坚信他能搞定一切，任何障碍都能够铲平。然后他准备再创造一个苏伊士奇迹，把下一个目标定在了巴拿马。开工以后，他照办旧路，有条不紊。然而这一次，他已经没有能力把面前的所有山石都搬开了，他老了。这位迟暮英雄在经历过一次群体性的灾难后，希望破灭了。然而英雄的名望再次产生奇迹般的力量，可惜最终还是失败了。重返故土的老人遭到家乡官员的鄙夷，他们认为他是最肮脏的罪犯，直到他去世也没有人再对他送上关怀。他的灵车去往墓地的时候，人们只是以"无所谓"心态来看待，可实际上他所取得的成就完全可以比肩历史上最伟大的英雄。令人欣慰的是，并不是所有人都遗忘了他，他的功劳被另外的一些国家政府记住了，他们记住了这位居功至伟的英雄，并且用各种方式来纪念他，就像纪念历史上其他那些最伟大的人物一样。①

---

① 奥地利的一家报纸——维也纳的《新自由报》用相当长的篇幅专门讨论了德·雷塞布的命运。我觉得其中所包含的深刻心理学见解值得我借鉴，所以摘录到这里：

　　"如果说哥伦布的凄凉下场让人们觉得无比惊诧，但是跟费迪南·德·雷塞布所遭受的指控相比，就真的不算什么了。自从雷塞布被人们评价为诈骗犯起，其实就暴露了人们内心里的真实想法——无论多么崇高的美梦，都只是犯罪的原始动机。人们起初尊敬他，把最荣耀的冠冕戴在他的头上，因为他改变了地球的面貌，使人们相信他肩负着让大自然更加完美的重大使命，所以人们愿意用奥林匹克的甘露来敬拜他。费迪南·德·雷塞布获得了巨大的名望，就连审判他的首席法官，都能从中窃取到莫大的荣耀，因为他被指控的正是他的永恒荣耀。无论是哪一个民族，总不乏一些人为了抹黑自己的那个时代，而不惜给那个时代的某位功臣戴上信徒的帽子。"

　　"有时候连资本主义人士也会竭力反对某些胆大妄为的创举。所以在这些备受责难的地方，哪怕它的未来是光明的，也会因此明灭不定。任何一个民族都不可以没有勇者，因为勇者总是信心十足，信念坚定，无畏任何艰难险阻。假如说勇者的必备品质就是勇敢，那么如果勇者失去了向前迈步的胆量，人类的世界就永远只是那么一小片地方。"

　　"……苏伊士运河的开通，让费迪南·德·雷塞布成为了大获全胜的英雄，但巴拿马运河的失利，却让他遭受重创，沦丧所有，只剩下了痛苦。如果我们从这个角度看待事情，那么判断何为成功的标准就应该遭到质问，这颗赤诚之心有权对它进行反击。这件事所暴露出的，其实是阶级之间不可调和的矛盾，因为存在这样一个逻辑：雷塞布先前开通苏伊士运河成功了，两个大洋从此紧密相连，所以他赢得了人民和国王的尊敬；而这一次他被科迪雷拉的岩石挡住前进的道路，失败了，所以他就成了人民心目中的大骗子。资产阶级和雇主们为了惩罚比他们能干的人，不惜假借刑法的名义来达到目的，因为他们所惩罚的人并没有给他们带来令他们满意的利益，尽管对方是他们的同胞。普通百姓不满意某些天才的想法，因为他们理解不了，而现代的立法者也不满意，因为那种想法令他们感到害怕。一个出色的律师想要证明那些天才其实是骗子实在太容易了。当初的比利时探险家斯坦利，如今的雷塞布，都是鲜明的例子。"——原注上面所举的例子仍然属于极端案例。但是想要对名望进行心理学方面的深入钻研，就不得不这么做。所以我们非常有必要从一个系列的案例中重复选取其中的极端案例。这一个系列的两端，站着两种截然不同的人士，其中一端是帝国和宗教的创建者，另一端是穿着新衣服或戴着新帽子四处炫耀的人。

具备煊赫名望的人，不光只有站在这一系列案例的两个极端的人物，在科学、文学、艺术等文明领域，也可以产生各种不同类型的名望，而且可以排列顺序。我们通过一系列的案例已经清楚认识到，名望是征服群体的基本因素之一。只要是具备了名望，无论是人、物，还是某种观念，都能够通过感染的方式迅速获得人们的关注。人们会刻意或者下意识地去模仿它们，最终的结果是，一个时代的人都成为某种思想或情感的继承者和发扬者。其实从更深层次来分析，人们模仿它们完全是不受控制的，名望之所以能够统领一个时代的所有人，就是这个原因。有一些现代画家刻意模仿原始人类的画风，使用十分单调的色彩和粗硬的线条，尽管他们坚信自己是抱着真诚的心态在画画，但是以这样的创作方式来画画，想要画出跟灵感涌现所创作出的画作具有同等生命张力的画，成功率是非常低的。除非出现了一位非常了不起的大师级画家，成功完成了这门艺术，否则人们看到的就只是一些不成熟的低级画作。有些画家为了模仿另一位杰出大师的作品，用紫罗兰色作为自己的画布背景，可实际上如今能在自然界看到的紫罗兰实在少之又少。那位艺术大师因为性情古怪，容易给人留下深刻的印象，所以对他们造成了某种心理暗示，才诱导了他们这么做的。关键是，这位大师拥有很大的名望，是一位了不起的成功人士。这样的例子在人类文明史上的每一个时代都很多，举不胜举。

我们通过上面的阐述和论证，不难得出下面这个结论：能否获得名望，取决于多方面的因素，其中最重要的一项因素是成功。想要让人们毫不怀疑地一致认可一个观念，他就必须让人们看到他的成功。成功是获得名望的必经之路，是最关键的因素。这是显而易见的，名望会随着成功的消失而立即消失。可能昨天他还是受到大家追捧的英雄，今天就会因为他的失败而迎来铺天盖地的嘲讽。越是崇高的名望，群众对他的失败的反应就越是强烈，尊敬他或嘲讽他之间的反差也就越大。群众会因为这一因素的作用力，对曾经崇拜过而今一去不回的权威竭力打击、报复，而后不假思索地抬高一个新的英雄。就像罗伯斯庇尔，当年他冷酷决绝地处死了很多他的同僚和潜在敌人，从而享有了至高无上的名望，但是后来却又遭到了民众异口同声的谴责，最后还被送上了断头台，只因为在新一轮的投票中由于几张选票的转移导致他丢失了先前掌握的大权，并且名望也随之丧失殆尽。他被处死时，与之前他处死别人时的场景一模一样。信徒就是这样的，他们可以毫不犹豫地将之前他们推上神坛的神明狠狠掀翻在地再踩上几脚。

没有成功这一因素支撑的名望，其生命是非常短暂的。而长久的剖析和探讨同样会对名望有损害作用，只不过所需的时间略微长一些，不过却比其他方法更为有效。所以那些能长久享有名望的人或者神，从来不会给别人剖析探讨他的机会。想要让群体永远敬仰他，就必须与剖析和探讨保持足够远的距离。当名望遭遇危机，而且还遭受剖析探讨时，名望就不再是名望了。

4. 群体的信念和见解的变化空间

（1）坚定不移的信念

一些特定的广泛信念不易变化　它们决定文明的宏观进程　想要根除它们难比登天　在群体中敬仰偏激是一种品德　一种广泛传播的信念，可能在哲学上非常滑稽

（2）变化多端的群体主张

源于非广泛信念的主张极不稳定　观念和信仰在这一百年来明显变化无常　变化的空间到底能有多大　很多事情都因为变化无常而受到影响　普遍信念会悄无声息地伴随着文明前进，今时今日人们因为形形色色的报纸，主张变得更加反复多变　群体的主张大部分都有统一倾向的原因　假如政府还是采用老套的方法，想要约束和引导群体的观念和见解无疑是个笑话　观点和主张的极端分歧，对于当今社会而言，可以有效限制独裁和专政

（1）坚定不移的信念

我们所生活的地球上存在一些极难改变的因素，想要改变，所需要的时间可能要以地质年代作为单位来测度。而心理学上的很多特征，与生物解剖学上的特征有着惊人的相似性。除了难以改变和只能细微改变的因素外，当然也存在一些非常容易改变的因素，如畜牧业和园艺业中以人工技术对动植物的大幅度改造。有的时候，你甚至无从判断他们原本的基本特征是什么样的。

与此类似的现象在心理学上也同样存在。对于一个民族来说，同时具有不易改变和极易改变的心理特征。所以我们在研究一个民族的信仰和思维观念时，必须格外注意。总有一些外来的像岩石上的流沙一样极易流动的观念和见解，附着在固有的观念和信仰中。

所以，通过上面的解析，我们能够将群体的观念和信仰分为两个差距极大的类别。一类是历经百年风雨都不会令其明显改变的恒久信念，这一种信念非常重要，它们是整个文明的牢固基石。从前的封建主义思想、基督教信条、新教教条，现在的民族主义、民主思想和社会主义信念等都是这一类的。

还有一类是较为短暂的，极易被改变的思想和主张。它们从诞生到消亡，周期非常短暂，通常是一个时代的短期产物，可能是那个时代的某些广泛学说一时催生出来的。最典型的例子就是那些形形色色的对文学艺术具有影响力的理论，这些理论催生过自然主义、浪漫主义、神秘主义等具体的艺术主张。

这些理论和主张可能在当时产生了相当大的影响力，但他们就像水池上的涟漪一样，只是表面的，出现容易，消失也容易，又像一时的风尚，变化无常，无法长久持续。

能够被世人一致接受的伟大信仰，在数量上通常是非常稀少的。各个民族都会把自己的兴衰荣辱记录成册，因为它们对后世子孙拥有非常重要的借鉴价值，而一方文明的真正基石也正是这些。

虽然人民大众也会被一个新颖的观点暂时吸引，但是这种观点无法一直存在于他们的大脑里，若一旦形成信念深入人心，想要消除也不是轻易能办到的，通常需要经历鲜血和战争才能够清除干净。反过来说，革命的力量也可以让民众接受某种信念的掌控，这就需要用革命的手段来清洗那些不合时宜的残余观念。陈旧的观念会阻碍人们接受新的观念，而革命的洗礼会以摧枯拉朽之势消灭一种旧观念。

如何判断某种信念已不合时宜，即将消亡？那就是当它的价值受到质疑的时候。任何一种观念，哪怕得到了广泛的认可，也仍旧无法摆脱它虚无的特性。想要长久存在于人们的心中，唯一的办法就是远离理性的思辨。

某种制度如果是根据信念建立起来的，那么想要摧毁它就不是一件轻而易举的事，哪怕该信念已经摇摇欲坠了，当前的制度也仍旧具有反击能力。想要彻底击垮这种制度以及其他的一切附属物，只能等支撑它的信念完全消失，一点痕迹都没有了才有可能。古往今来，任何一个想要保存原有文明的民族，都不可能轻易改变原本的信仰。如果这个民族想要畅行一种新的主流观念，它就必须先让原本的步伐停下来。因为想要转变信仰，必须循序渐进，不可能一蹴而就。毋庸置疑，当它停下脚步后，还要经历一段无政府时期才能接受新的信念。普遍信念左右着各种各样的思想意识的大方向，它是构建文明不可或缺的基石。信仰的产生也依赖于它，它还能激起人们守护信仰的荣誉感。

普遍信念所能起到的作用，任何一个民族都能体会得到，他们很清楚如果没有了这种信念，也就意味着整个民族正在衰亡。罗马人因为对罗马的热爱和崇拜而能征服世界，当这种信念越来越弱的时候，古罗马也就迎来了末日。而击败罗马，将罗马文明摧毁殆尽的蛮族，同样是因为接受了某种普遍性的信念，他们因此能够团结一心，从无政府状态中脱身出来。

毋庸置疑的是，每个民族都在用苛刻而粗暴的方式保护自己原有的信念。我们能够从哲学批判史中找到这样的案例。然而一个民族最为可贵的品质也正是这种表现。为了寻找或者坚守某种信念，中世纪有那么多的创新者或发明家死在了火刑柱上，即使有的人侥幸没有被处死，最后也因为过度执着于信念，在绝望中死去。战场上的千万英魂，都与自己的信仰同在，因信仰而慷慨赴死。世界上有太多的悲剧，其导火索往往都是信仰。

普遍信念的建立绝非易事，然而它一旦落地生根，让它拥有了持久的强大力量，想要拔除它也同样无比困难。哪怕是最睿智的大脑，也会被信念所占领，就算该信念从哲学角度剖析其实是滑稽可笑的。关于摩洛克的宗教神话多么野蛮残忍[①]，但是一千五百年来欧洲民族却坚定不移地相信它。传说这个神创造出了一些动物，但令他愤怒的是，这些动物不愿服从他的意志，他让自己的儿子接受最残酷的刑罚，以此惩罚自己。这个荒唐的神话存在了长达十几个世纪，竟然从来没有人去怀疑它。有关这一类的神话，就算是见识不凡的智者也没有提出过质疑。这足以让我们见识普遍信仰有多么强大的麻痹效果。这一事实向我们证明人类理智的局限性有多么严重，我们再也找不到比它更恰当的例子来说明问题了。人类理智的局限性让我们自己都感到无地自容。

群体的脑袋里一旦有新的信念扎根，这种信念就能给人们提供一种源源不绝的前进动力。接着它还会衍生出各种各样的艺术形式、社会制度，将人们牢牢控制住，让人们遵循它来生活。而它也因此成为很多人为了达到某种目的的利用对象。立法者为了制定切实可行的法律条文而从它这里寻找依据；艺术家、文学家和哲学家也挖空心思，想要用最美的形态将它表现出来；拥有雄心壮志的人士，会想方设法让这种已经被普遍接受的信条拥有实用价值。

从普遍信念中会衍生出一些较为短暂的观念，而初始信念的影子会充斥于所有的这些衍生品当中，无论这些衍生品能够存在多长时间，具体观念是什么。埃及文明、中世纪的欧洲文

---

① 我视它为野蛮，纯粹是从哲学角度出发的。实际上它也诞生了一种非常独特的文明。在一千多年的历史进程中，人类对别的东西丝毫不感兴趣，只是一味地在令人迷醉的梦幻中寻找希望。——原注

明、阿拉伯大地上的穆斯林文明等等，所有的这些文明骨子里都有宗教的影子，哪怕微不足道，我们也能从中找到遗留的那些影迹。

这些普遍信念，从宏观的角度看是不可或缺的。一个时代所特有的基本统一的传统、习俗、观念，都是由它们诞生的。在那种环境下，生活在那个时代的所有人都会受到它的感染和左右。信念是左右人们行为的第一因素，其次才是由信念所派生的习惯。日常生活中的一些鸡毛蒜皮的小事，以及并不引人注目的举动，全都受到信念的影响。它甚至能够随意摆布独立性超强的大脑。它的力量绝不是普通人能够与之抗衡的，因此人们头脑中的信念一旦具有了主导性的力量，那一定是暴政的开始。提比略[①]、成吉思汗、拿破仑这些暴君中的代表，我们有目共睹。一代暴君的统治，我们还可以用谋略和行动来推翻它，然而想要推翻一种牢牢扎根在人们心中的信仰，我们又有什么行之有效的办法呢？像摩西、释迦牟尼、耶稣、穆罕默德这些宗教的创始者，他们即便早已躺在了坟墓里，却依然没有人能撼动他们对人们固若磐石的统治。罗马天主教就是一种有目共睹的暴政统治，人们多少次想要推翻它，但最后无一能成功，就连那次法国大革命也不能避免失败的命运。反对者在当时占据着群众优势，而且还采用了和宗教法庭一样残酷的手段，大肆破坏，冷酷摧残，可最后又是怎样一种结果呢？在人类历史上谁才是不折不扣的暴君？答案是那些死人，或者是人

---

① 提比略·尤里乌斯·凯撒·奥古斯都（前42—37），中文又译为提贝里乌斯或提庇留。在罗马古典作家的笔下，他的形象被定为好色、残暴、深沉、苛刻。——译注

们自己胡编乱造出来的虚假人物。

无论是哪一种信仰，从哲学角度来看都是非常荒谬的，然而它们依旧生机勃勃，坚不可摧。也正是荒诞无稽赋予了这些信念一种神奇的力量，让它们百战百胜。同宗教信仰相比，我们可以看到社会主义信仰的破绽实在太多，容易遭人口舌。尽管今天这个漏洞百出的信仰获得民众的认可，但它的将来却令人担忧。宗教信仰所描绘的美好图景需要到来世才能印证，因为它所应许的是来世，所以没有人能抓住它的把柄。可社会主义所设想的美好愿望要在今世实现，只要有人愿意为之努力就有希望实现，而这样的应许很容易被证明是真的还是假的，如果是假的，人们就会对这种信仰失望透顶。所以社会主义信念只有等到真正实现的那一天才能够壮大力量。它必须先把它所设想的理想实现了，才能让所有人投靠。这种新信仰的起步方式同样具有破坏性（和以往的那些宗教没有任何区别），但它究竟具备多少建设力，我们只能拭目以待。

（2）变幻莫测的群体主张

坚定不移的信念所具有的力量，我们在前面已经进行了论述，在它上面还会派生出许多别的思想、观念和见解，它们总是被彼此取而代之，有一些只能够存在短短数日，有一些较为重要的，也不比一代人的寿命长。这样的变化，我们已经证明只是表面上的，它们无一不是因为受到了某种种族信念的深刻影响。

我们通过法国的政治制度可以看到，他们的多个政党（保皇党、激进派、帝国主义者、社会主义者等等）尽管表面看来似乎分歧很大，但实际上它们都在同一个信念的麾下。而这样的信念，诞生于法兰西的民族精神结构。同样是这些叫法，但在其他的某些民族当中，却拥有着截然不同的理念。不管它只是一个噱头，还是在某个思想理念上按了一个头衔，并没有什么本质性的区别。因为受到拉丁文学的深刻影响，生活在大革命时代的人们聚精会神地盯着罗马共和国，将它的法律、权杖、法袍都沿用了下来，因为统治罗马帝国对历史的影响实在太大，但效仿者并没有因此成为罗马人。那些早期的信念尽管在表面上有所变化，但是必然还被某种深层次的东西所掌控着。而从时刻变化的思想理念中探寻哪些因素是受到普遍信念和种族特征所支配的，就是哲学家们的任务。

表面看起来，人民大众的宗教信仰或者政治主张好像总是变幻不定，甚至包括宗教、政治、艺术或文学的发展史，看起来真像那么回事，但这是因为我们没有从哲学这一层面进行反省和思考。为了说明问题，我们把法国从1790年到1820年的短短三十年历史单独拿出来，看看这恰好是一代人的时间里到底发生了些什么。我们不难发现，最初的保皇党群体的革命态度非常鲜明，然而紧接着他们就转变了态度，对帝国主义热情高涨，再后来又变回了拥护君主制。再说他们的宗教，从信仰天主教，到转变为无神论，再到信仰自然神论，最后又回到了信仰最可靠的天主教，上到达官贵族下到平民百姓，都出现了这些变化，就连那些对上帝和君王全都不尊重的国王的死对头——国民公会中的大人物们，后来也当了拿破仑的忠实拥护者，接着又在路易十八的统治时期，带着无比虔诚的心情，秉烛行走在宗教队伍中。我们是不是感到特别惊讶？

在之后的几年里，群体的思想观念仍然在不断地发生变化。19世纪初那些被誉为最不讲信誉的英国人，后来与拿破仑的继承者结成盟友。无独有偶，还有曾经两度遭到法国入侵的俄国人，之后也变成了法国人的盟友，要知道，他们在之前可是带着幸灾乐祸的心态坐视法国由盛而衰。

更加风云变幻捉摸不定的思想主张，其实是在艺术、文学和哲学领域。可能前一刻浪漫主义还如日中天，但是下一刻，就轮到自然主义、神秘主义等耀武扬威了。前一天还深受追捧的艺术家或作家，第二天就成了大家贬低和辱骂的对象。

我们通过认真剖析这些表面上的变化，能够看到这样的事实：违逆主流的统统都是短暂的，用不了多久就会重新回归主流；任何与民族情感和原始信念相抵触的，都不可能长久存在。但凡是跟种族最基本的情感或信念没有联系的观念和主张，都依附于机缘巧合而存在，自身不具备稳定性。即便这些观念和主张有其存在的价值，也会随着环境的变化而变化。它们就像海滩上被风吹出来的沙堆，是偶然形成的，这副模样只能保持很短暂的时间，它们只是暂时现象，由暗示感染的作用产生，并迅速崛起，很快成熟，又很快消亡。

当今社会那些变幻莫测的理念和主张可谓浩如烟海，比任何时代都要多。是三个原因造成了这种现象：

首先，旧信念残余的影响力正在逐日递减，放在现在基本难有作为了，尽管它曾经能够派生出一个时代的理念或主张。普遍信念的没落造成了一个真空期，致使曾经没有历史根源也没有未来前景的思想主张有了见缝插针的机会。

其次，随着群体的不断壮大，能够与它抗衡的力量越来越少，导致群体能够肆无忌惮地呈现他们变化多端的思想主张——对于群体的特征我们已经不陌生了。

最后，报纸行业的发展势头越发迅猛，群体总是被迫接受各种各样的对立思想主张。任何一种未超出框架的见解和主张都能起到相当程度的暗示作用，而后又遭到与其对立的见解和主张的暗示作用的挑战和破坏。这就导致这样一个结果——没有一种见解和主张能够被群体普遍接纳，只能被人们一一遗忘。如果一种思想主张无法让足够庞大的群体接纳，它就无法形成一种普遍观念，结果只能是悄无声息地快速消亡。

我们这个时代最显著的特点就是，政府失去了垄断舆论的特权，这在世界历史是从未有过的新局面。

在过去，舆论掌控在政府机关、少数几个作家和零零星星的几家报纸手中——其实那个年代离我们非常近，但是今天呢？今天，作家对舆论的影响力基本可以忽略不计了，而报纸上刊登的见解和主张简直让人眼花缭乱，应接不暇。至于政府人员，别说引导那些思想主张了，连追赶它们都疲于奔命，很多时候他们对各种各样的思想主张其实是忌惮的，甚至是畏惧的，连出台什么政策都举棋不定，或者一天出台一个政策。

看起来有这种趋势：出台政策所需要遵循的最高原则，是来自于人民大众的思想主张。这种趋势已经发展到能够迫使国家结盟的地步。前不久的俄法同盟可以说就是由一场大众运动促成的。现在的很多现象都让人瞠目结舌，君主、皇帝、教皇都乐意跟媒体记者打交道，看起来一副愿意把问题交给人民大众裁断的样子。在过去有句话：政事决不掺杂情感。放在过去说，我们挑不出毛病，然而我们今天还可以说政事决不掺杂情感吗？事实上，群体对政策的遥控能力越来越强。而群体向来都是情绪化的、冲动的、不理智的、多变的。

在过去，报纸行业对于大众舆论的引导力可以媲美政府。但是如今它在群体力量面前，只能俯首帖耳唯命是从。虽然报纸行业依旧具有不可估量的影响力，但它已沦为照实呈现群体思想主张及其变化过程的工具了，或者说，报纸行业已经变成了一个只是单纯提供消息的情报部门了。自然而然的，它的功用已经不再是引导人们接受某种思想观念或学说了。由于存在激烈的竞争，报业只能像墙头草一样随着大众思潮的不断变化而东摇西摆，因为除了这样没有更好的办法，否则就会丧失广大的读者群体。过去像《宪法报》《论坛报》《世纪报》等这一类影响力较大的报纸，被老一代的人们视为传播智慧的媒介，但是到了今天，它们要么已经被踢出局，要么就转变为现代化模式的报纸了。最有价值的新闻，只能在各种八卦消息、花边新闻和金融谎言的夹缝中求生存了。如今的撰稿人，无论发表什么样的独特见解，都是毫无价值的，而且也没有任何一家报纸会让自己的撰稿人去发表什么独特见解，除非这家报纸资金特别雄厚。对于读者来说，他们中的大部分人都只是单纯地获得消息，对一切深思熟虑的见解都表示怀疑。而那些评论家们在评价一本书或一部戏剧时，也不能够再自信十足地说它有多么成功，他们只可以发表一些对读者来说毫无营养的天马行空的评论。报社是最精明的，发表的评论文章里只提一下书名，而后附加几句溜须拍马的话，而放弃一切真正有价值的东西。再过短短几年，戏剧评论也会步这样的后尘。

无论是政府还是报业，今时今日首要的任务就是关注人们的思想动态。针对一项法案、一个事件或一次演说，最重要的是尽快知道人们对此的反应，而无需把对象本身也考虑进来。但是群体的思想和观念比世界上的任何东西都更加变幻莫测，所以想要做到这一点无疑要求很高的水准。可能昨天还受到群体追捧的事物，今天就遭到所有人的唾骂，这样的事屡见不鲜。

群体的所有思想主张都存在着严重的分歧，因为基本的信仰已经坍塌了，而主导性的力量也不存在了。能够让群体关心的，只剩下了那些明显跟他们自身利益相挂钩的事情。比如说，文化程度较低的社会阶层（如工厂或矿井里的工人），才会对社会主义理想情有独钟。文化修养稍微高一些的工人，或者中产阶级以上的人物，对此基本上都是摇摆不定的，更甚者彻底持怀疑和否定的态度。

这就是最近二十五年来群体思想变化的大致趋势，它的发展速度是相当迅猛的。比这更早的年代其实距离我们也很近，然而人们的思想主张却有大致相同的方向，其原因就是那个时代普遍信念还在群体中占据绝对上风。拥护君主制的人，意味着他有一定的历史修养和科学素养，他清楚地明白人不是从猴子进化过来的。而一个执迷于共和主义的人，其观念和主张显然与上一人相对立，他坚信人类的祖先就是猴子。君主制的拥护者在发表演说时一定会站在王室利益的立场上，而共和主义者的心中则充满了大革命情怀。所以，如果说话时涉及人名，比如罗伯斯庇尔、马拉①等，语气一定要虔诚，要像宗教信徒一样；如果是恺撒、奥古斯都、拿破仑等另外的一些名字，也千万不能信口雌黄褒贬人家。这种以史为鉴的方式非常幼稚，但是在法兰西的索邦却是普遍现象。②

一切思想主张经过剖析和论证，其原本具有的权威就会丧失殆尽，它们的非凡个性也会飞快褪色。这就是我们如今所面对的现状——现代人已经变得越来越迟钝了，因为那些只能短暂存在的观念实在难以激起我们的热情。

不过我们没必要太过悲观，理想化信念的衰落，虽然意味着一个民族即将走到尽头，但是从宏观上来看，依然不乏真诚而信念坚定的人，比如英雄、智者、圣徒、领袖等等。他们的

---

① 让-保尔·马拉（1743—1793），法国政治家，法国大革命时期民主派革命家。他曾是一名医生，1783年弃医从政，1789年大革命爆发后，马拉就投身于战斗。8月11日，他创办了第一份报纸《爱国者报》，向民众介绍议会讨论宪法的情况，但该报只出版了一期就停刊了。9月12日，他创办了《巴黎政论家》，从第6期（9月16日）开始拥有了《人民之友》的传奇名称。——译注

② 这个观点不太好理解，它来自于法国某位历史学教授的一些论著，受到法国官方的认可。我们从中可以看出，在法国的大学教育制度中，根本看不到批判主义精神的存在。兰先生的著作《法国大革命》中有两段文字，将这一点体现得淋漓尽致。

"攻占巴士底狱这一历史事件，对于世界历史而言意味着一个新纪元的开始，它绝不仅仅是法国历史上的重大事件，也是整个欧洲世界的重大事件。"

同样让人不能理解的是他对罗伯斯庇尔的评价：

"他行使教皇的职权，尽管采用独裁制度，但出发点却是道德威信、说服力和舆论的影响。他是个品德高尚的人。"——原注

影响力，比起那些专门以否定和批判别人为业或者僵化的人要强大得多。不过眼前的事实也不可忽视，当今时代处于绝对优势的力量归群体所掌控。所以想要让自己的某种思想主张获得群体的普遍认可，就要赚取足够多的声望，只有这样该思想主张才能够迅速获得无比巨大的强制性力量，征服路上的一切，并最终结束自由言论的时代。群体充当的掌控者，就像赫里奥凯巴雷斯和提比略一样，脾气暴躁、高深莫测、反复无常，只会在很偶然的时间里才会从容优雅。一个文明的主导权如果落在了群体手中，基本上也就意味着它的生命走到头了。不过群体对大部分信念都无动于衷的冷漠和镇定，以及变化多端的思想主张，也可以延缓文明自身的消亡过程。

第三卷

不同群体的分类和特征

1. 群体的分类

对群体的一般分类：

（1）混合性群体

群体的分类　种族的影响　与强大的种族精神相比，群体精神羸弱不堪　种族精神是文明状态的体现，而群体精神是野蛮状态的体现

（2）同一性群体

同一性群体[①]的分类　派别、身份职业和阶层

我们已在本书前面对群体心理的代表性特点进行了阐述。但还有一个问题需要说明：当受到特定因素的干扰时，不同类型的群体在重组之后，会有什么新的特点？我们必须先简单了解一下群体的分类，才方便说明这个问题。

我们从最简单的群体开始论述。一个由大量人员组成的群体，所表现出的最初级形态是什么样的？想要看得足够清楚，

[①] 同一性群体是由特点相似的个体组成的群体。其成员关系可能较适合具有特定需要的某个目标群体。这种相似可以体现在如下一些方面：性别、年龄、性格、教育、文化背景、能力、心理问题等。——译注

我们最好让这个群体中的成员分属于不同的种族。如果这种情况真的存在，那么唯一能让人们拥有统一向心力的因素，就只有领袖所具备的令人敬仰的意志了。这种群体的最鲜明代表就是几百年来一再侵扰罗马帝国的蛮族人，他们的种族渊源格外复杂。

相比由多个种族的人组成的群体，还有一个更高端的群体，经过某些因素的影响而具备了一些共同特性，最后聚集成一个民族。虽然这样的人群有时候会表现出非常明显的群体特征，但是无论如何这些群体特征也要比种族因素在一定程度上稍逊一筹。

我们已经在前面讲了一些影响因素。在这些因素的影响下，这两种人群完全可以转变成有组织或心理学意义上的群体。我们根据这些有组织群体的特征，将它们分为两大类。

（1）混合性群体[①]

    a. 无名称群体（如街头组织）

    b. 有名称群体（如议会、陪审团等）

（2）同一性群体

    a. 派别（宗教派别、政党派别等）

    b. 身份职业（军人、僧侣、工人等）

    c. 阶层（农民阶级、中产阶级等）

接下来我们就简单了解一下这些不同类别的群体特征。

---

① 混合性群体是由特点不同的人组成的群体，与同一性群体相对。——译注

（1）混合性群体

我们在前文已经探讨了群体的特征。各种群体的成员——包含任何职业、智力水平和个性的人——通常其种族渊源都很复杂。

一个动态的群体由很多个体组成，个人心理与群体心理有着本质上的差别。这种差别所带来的影响力，会在一定程度上对成员的智力产生影响。我们已经知道，对于一个集体来说，智力的作用几乎可以忽略不计，因为在起主导作用的，基本上只有无意识的情感。

混合性群体受到种族因素的影响时，差异性会变得更大。

种族作用通常支配着人们的一举一动，还能在一定程度上体现于群体性格上，种族作用是我们经常提到的一种作用。因为某种偶然因素组成的群体（比如完全由中国人或英国人组成的群体），和一个源于同一种族但具有不同特点的人组成的群体（比如由法国人、俄国人和西班牙人组成的群体）相比，通常会有很大的差别。

假设有一个群体因为某种环境因素，由来自于多个种族的人组成，每个种族的人数大致相当（这种情况非常罕见），那么这个群体的个人在情感和思维方式上就会受到其种族的影响，从而彼此间出现较大差异。哪怕他们当初是由于利益统一而聚集在一起，也无法避免发生这种情况。想要找一个比较恰当的例子，不妨看看社会主义人士的奋斗目标：他们费尽心机想让各个国家的工人代表齐聚一堂共襄盛举，但是无论他们多么努力，都是竹篮打水一场空，因为实在无法调和那些摆在明面上的分歧。再看拉丁民族的群体，无论是革命群体还是保守群体，他们为了达成自己的意愿，都会不约而同寄期望于国家，希望国家能一碗水端平。这个民族的任何一个群体都赞成集权专制，且认可独裁制度，表面上如此，打心眼儿里也是如此。美国人或英国人的群体则恰恰相反，在他们的心目中，国家并不重要，重要的是个人的权利和自由。法国的群体崇尚平等，英国的群体崇尚自由。我们是否能够通过这些差异读懂社会主义和民主主义为什么会有如此多的形式？实际上，有多少个国家，就有多少种形式。

由此我们可以看出，种族精神对群体特征的影响是巨大的。甚至可以这样认为：种族精神对群体性格特征的变化起着决定性作用。然后我们得出这样一条基本定律：群体的非主要性格在种族精神的强大作用力下变得不再那么重要。群体形态与野蛮形态非常相近，或者也可以说，掌控群体的力量正在向野蛮的方向回归。种族之所以能够脱离野蛮蒙昧的状态，就是因为它顺从了较为稳定可靠的集体精神，而摆脱了不理智的群体力量。

我们已经根据种族因素对群体进行了大致分类，接下来还有一个更重要的步骤，即对混合性群体进行分类。混合性群体可以分为无名称群体（如街头组织）和有名称群体（如议会和陪审团。这样的组织在形成过程中必然进行精心的策划）两个类别。它们的差别主要体现在责任感上，后者的责任感远比前者要强得多。它们在行为方式上也存在非常大的差异。

（2）同一性群体

同一性群体又分为：派别、身份职业和社会阶层。

同一性群体在组成的过程中，派别形成是第一步。每一个派别成员都有多方面的从属，比如社会阶层、所受教育、职业等等。只有共同的信仰才能让这些人聚在一起形成团体。宗教派别和政治党派就属于这一个类型。因为所受教育、所处的社会环境和职业的不同，派系中的个体拥有很大的差异，能够让他们形成联系的只有共同的信仰。与派别截然不同的是身份职业，同一种身份职业的人可以自然形成群体，无需依靠其他因素。因为相同职业的人，通常具有相近的学识、教养和社会地位，所以能够组成一个群体，比如僧侣组织和军人等。

与派别、身份职业都不同，同一社会阶层的人只要存在某种利益、拥有相同的生活习惯或者相近的教育程度，就可以组织在一起，并不需要有共同的信仰或相同的职业，比如农民阶级和中产阶级。

我们在本书中只讨论混合性群体，不讨论同一性群体（派别、身份职业和社会阶层），它的特点我会放到下一本书里进行阐述。对混合性群体的探讨即将进入尾声，但有几种典型的特殊群体还需要我们做更深入的研究。

2. 被称为犯罪群体的群体

被称为犯罪群体的群体　合法的群体在心理学上是不可能犯法的　群体的行为的绝对无意识特性　从心理学角度分析九月大屠杀　他们的理性推断、感知能力、残忍和道德规范

群体在经历过一个亢奋期后，便会进入到无意识的状态。进入无意识状态的群体，有一个不算正确的说法，即它可以被称之为犯罪群体。它会接受许许多多的暗示——这完全是一种自动状态。虽然说法不正确，但最近的一些心理学研究促使它更加被大众接受了，所以我保留自己的看法。单从群体的角度来看，尽管有些情况比较特殊，但它仍有一些行为确实可以被视为犯罪。情况类似于一只老虎为了找点儿乐子教它的幼崽将一个印度人撕咬成碎片。

同正常意义上的犯罪比较，群体犯罪通常是因为受到了某种强烈的暗示而做出的，在动机上与正常的犯罪有很大的不同。参与群体犯罪的人，事后会坚信他们的出发点是基于某种责任感。

为了说明问题，我们从群体犯罪的历史中寻找实例。

最典型的一个案例就是当年巴士底狱的监狱长朗内先生之死。当人们攻破堡垒后，这群处于亢奋中的人把这位监狱长包围起来，进行了残忍的殴打，有的人提议砍掉他的脑袋，有的人提议吊死他，还有人提议把他栓到马尾巴上拖死他。监狱长出于本能进行反抗，某个正在殴打他的人被他踢了一脚，之后就有人提议，让那个被他踢到的人用匕首割开监狱长的咽喉，而这个提议得到了群体的一致赞同。

有一个纯属干完活儿后闲着无聊，于是前来巴士底狱看热闹的厨师，也参与了那一次行动，因为大家都认为那是一种爱国行为，所以他相信了。他认为杀死一个凶徒就等于建立了一项功勋。他从别人那借来一把刀，在那露出来的脖子上一刀刀地切割着。但是刀子不够锋利，他始终没能把那颗脑袋割下来，于是他为了完成自己的使命，掏出一把随身携带的黑柄小刀（对于一个厨师来说，割肉这种活儿干起来肯定是游刃有余）。

从这个事例中可以清楚地看到过程的作用，群体的鼓动力量是无比巨大的，那位杀人者事后肯定会认定自己只是做了一件非常正义的事。他在做这件事的时候，因为获得了许多志同道合者的一致鼓励，所以这么认为就变得水到渠成了。这种事从法律角度看毋庸置疑是一种犯罪，但是从心理角度看却不属于犯罪。

犯罪群体具备了一切群体所表现出的特征：善变、轻信、亢奋、容易被蛊惑、自认为是站在道德立场上义不容辞。

法国历史上最残暴的群体，无疑是参与九月大屠杀的群体，这是经过考证得出的。这些群体具备了上面所列出的所有特征。它和制造圣巴多罗买惨案的群体，在本质上是极为相似的。泰纳记录这件事时查阅了当时的文献资料，记录较为详细。

当初到底是谁下达命令处决掉监狱里的所有犯人，好把监狱腾出来，已经无法考证了。丹东也好，其他人也罢，我们的研究重点不在这儿，而是我们可以确定，当时参与大屠杀的人群都受到了群体的鼓动，那种蛊惑的力量异常强大。

资料显示，当时有三百多人惨遭杀害，这个杀人者群体就是典型的混合性群体。他们有理发师、店员、邮差、锁匠、鞋匠、泥瓦匠等等，大部分都是来自各行各业的手艺人和小店主，还有几个游手好闲无恶不作的无业游民，他们不由分说冲进一间对开门的办公室，开始残忍地杀害犯人，把法官和行刑者的工作全都包揽了。这些人同样是受到了集体的怂恿，坚持认为这是一场爱国行动，就和前面提到的那个厨师一样，他们事后根本不承认自己的所作所为是一场犯罪。

他们认为必须坚决执行自己所接到的命令。他们认为自己代表着正义，因此非常积极主动，做事毫不拖泥带水，亲自动手建立起一个临时的审判场所，根本不知道这种行为有多么荒唐和幼稚。他们看到需要审判的人实在太多，有些忙不过来，就干脆省略了审判程序，决定将贵族、王室的随从杂役、僧侣、官员一并处死。这些爱国人士打着鲜明的旗帜，已经无需证明对方是谁，是否有罪，只凭借对方的身份和职业就足以定罪了。也有的人通过对方的名望、外在的举止和谈吐来进行判决。群体的虚假正义感经过这种方式获得了极大的满足，也让屠杀变成了一场正义的举措，而后只遵从残忍的本能畅快淋漓地为所欲为。我们在别的地方已经探讨过这种本能的源头了。群体的这种本能一旦释放就如洪水猛兽，无法阻挡。但是尽管这种本能非常极端，却并不妨碍与之相反的情感也尽情释放。绝大多数时候，他们的善意和怜悯同样会走向极端。这和群体的常规表现是完全一致的。

他们这些人十分理解并同情巴黎工人所面临的境况，发自内心想帮助他们。他们中的一个人在阿巴耶发现有一个狱卒二十四小时不给犯人水喝，于是信誓旦旦地说要把狱卒打死，如果不是犯人们全都为那名狱卒求情，他真的会被打死。当有一名犯人被这个临时法庭宣布无罪后，人们（包括卫兵和行刑者）全都热烈鼓掌，还开心地跟他拥抱。

紧接着他们就在开心愉悦的氛围中，展开了一场血腥的屠杀。他们让女人们跟他们一起分享行刑的快乐，让她们坐在长条凳上观赏，而他们则围着被行刑者的尸体手舞足蹈放声高歌。人们心中怀着一种非常别开生面的正义感，尽情地表演着。

他们把女人们的座席安排在离行刑台很近的地方，这是为了让她们能看清楚行刑的场面和完整的过程。有一名行刑者为此还抱怨连连，觉得这种安排会让很多人享受不到折磨贵族的乐趣。后来经过商议，最终方案确定下来：为了让贵族受折磨的时间长一些，行刑者分两排站，让待宰的羔羊从中间留出的一条道慢慢走过去，这样行刑者就能够拿刀背来砍那些贵族了。再看福斯监狱的刽子手，他们把受刑者脱得一丝不挂，用半个小时的时间来慢慢凌迟他们，等观赏者都心满意足了，才补上一刀结束受刑者的性命。

但是行刑者从来不私吞受刑者的珠宝首饰或其他财物，所有的东西通通充公。这也让我们看到了，这些杀人者身上也具备先前我们所提到的群体道德意识。

群体大脑的特别思维模式，通过这些人的表现充分体现出来了，这种所谓的思维可见有多么幼稚和浅薄。当他们杀了一千多名民族敌人之后，有人觉得关在监狱里的那些乞丐、无业游民和老人对社会毫无益处，建议通通处决，而这一建议得到了所有人的一致赞同。而这批即将被处决的人并非全都是国家的敌人，比如一个名叫德拉鲁的寡妇，她当初坐牢的罪名是投毒。行刑者觉得："她被关进牢里肯定不甘心，心中充满了怨愤，如果给她机会，她绝对会一把火把整个巴黎烧干净。她肯定说过这样的话，事实上她确实说过。所以必须处死她。"这是非常深入人心的提议。于是包括十二岁到十七岁之间的少年在内，这里所有的囚犯都被处死了，连少年也成了国家的敌人，没有一个能幸免于难。

刽子手们杀了一个星期的人，实在无人可杀了，才停下来歇口气。他们坚信自己是国家的功臣，国家理应褒奖劳苦功高者，所以纷纷提出要求，其中表现最积极的人认为政府应该授予他勋章。

　　类似的现象也存在于1871年的巴黎公社事件中。而且一定还有更多，因为政府的权力正在随着群体势力的壮大而逐日减弱。

3. 刑事案件的陪审团

陪审团的基本特征　据统计，陪审团的判决与人员构成毫无关系　如何给陪审团留下深刻印象　辩护的形式和作用　大名鼎鼎的辩护律师用什么方法说服别人陪审团的宽容或严厉与罪行的本质之间的关系　陪审团制度所发挥的作用，如果陪审团被司法官员取代会造成什么样的危害

我们不可能把所有陪审团都研究到位，因为它的类型实在太多了。这里我们只简单介绍一下法国刑事法庭的陪审团。我们在探讨有名称的混合性群体时，它是作为一个非常重要的群体类型提供证据的。该证据表明，这种陪审团同样缺乏其该有的推断力，极易被暗示所支配。一旦陪审团存在一个群体领袖，那么它就会不可避免地受到影响，自身进入无意识的状态中。我们在下面的探讨过程中会看到很多有意思的案例。他们之所以犯下这样的错误，都是因为没有认识到群体心理状态。

群体成员在做出各自的判断时，智力因素所起的作用通常

微乎其微。我们看陪审团的行为就一目了然了。一个会思考的团体，在遇到某个并非纯技术性的难题时，通常也会发表自己的观点，但实际上并没有真正开动大脑。我想我已经把这一点表达得很明白了。举个例子，当一个由科学家或艺术家组成的群体，对一个一般性的问题做出判断时，所得出的结论完全不会比一个街头小贩或建筑工人更高明。法国政府在选择陪审团成员时格外慎重，规定必须是家世良好的人才能当陪审员，比如官员、教授、文人等阶层出生的人。这种规定和要求在1848年以前更加严格。直到如今情况才有所转变，陪审员多数是一些身价并不显赫的商人、小资本家或者工薪阶层的人。但是令专家们不解的是，无论陪审团由什么样的人组成，最后做出的判决基本不会有出入。哪怕地方检察官并不喜欢陪审团制度，但也无法否认他们的判决是准确的。有一个曾经当过刑事法庭庭长的名叫贝拉·德·格罗热的先生，在他的《回忆录》里这样写道：

选择谁当陪审员，如今这一权柄实际掌握在市议员的手里。他们选择把某个名字写入名单或者从名单里剔除，所根据的是：本人所在地的整治状况和选举需求。……陪审团的人选多数都是商人（现在已经不如过去重要了）或者政府机关的公务员。……无论他们先前有哪些方面的专长，等到法官下令开庭后，所起的作用就全都不值一提了。陪审团的成员有很多都是带着善意的目的和高涨的热情第一次参与这种事，然而这并没有改变陪审团的精神面貌，一种氛围支配着它做出完全一致的判决。

我们没必要去关注那些毫无意义的解释，只需要记住这段话的结论就足够了。至于"为什么会有这样的解释"我们也完全不必惊奇，法官对群体心理和陪审团实际含义的理解，并不比地方检察官清楚。

有一件与上面这位作者有关的事实，能够作为证据证明我的结论。罗肖先生是刑事法庭中一位非常有名的出庭辩护律师，他总是费尽心机在让陪审员名单上出现些会独立思考的人，无论遇到什么案件。但是根据经验发现，这完全没有丝毫作用。下面的事实是最好的证明：陪审员的意见一出来，公诉人和出庭律师，甚至是关在巴黎监狱里的嫌疑犯，都不会反对他们。就像德·格罗热先生说的，陪审团的判决还是那样。"不会变好，也不会变差。"

陪审团作为一个群体，证据的作用微乎其微，反而是受到情感因素的影响很大。"某位妇女只要露出乳房给自己的孩子或者一个孤儿喂奶，就能感动他们。"一位出庭律师这么跟我说。德·格罗热先生也说："陪审团会因为一位妇女表现得楚楚可怜而立刻表现出自己的同情和怜悯。"

陪审团从来不会原谅那些可能危害到他们的罪行（这些罪行同样也对社会安定造成威胁）。但是他们在面对一些涉及情感问题的违法案件时，比如未婚母亲杀害婴儿的案件，他们就表现得不那么果决了。同样的，陪审团还会对另外一些案件给予宽松的判决，比如一个拿硫酸泼自己丈夫的女人，只要起因是她被男人抛弃了，或者被诱奸了。他们并不认为这会危害到社会的正常秩序。[①]而且这个女人进行报复是合乎人情常理的，谁让法律没有明文规定要保护那些被抛弃的女性呢。甚至通过她的所作所为还能给社会带来良性影响呢，起码能够给正打算诱奸妇女的人一个警告。

陪审团和任何其他群体一样，从来也没有摆脱名望的影响。德·格罗热先生认为，陪审团的成员来自于各个方面，选举也非常民主，但是他们的态度受到贵族精神的影响，所以有了明显的宽容和严苛的分水岭。"一些特殊事件的发生，以及对被告有利的家世、财产、头衔、名望、得到著名律师的帮助等，都能够改变被告的处境。"德·格罗热先生的说法是非常正确的。

对于一名杰出的律师来说，赢得陪审团的同情，就是他最明确的目的。他们只需要进行最初级的推理，而根本不需要进行深刻的论证，就能获得判决的有利倾斜，这跟和任何群体打

① 这里需要提一句，陪审团用对社会有威胁和对社会无威胁两个标准来评判犯罪行为，这种方法在一定程度上还是具有公正性的。毕竟刑法的制定是为了保障社会安定，防止侵害人民的犯罪事件发生，而不是为了惩罚一些人。但是惩罚精神至今依然存在于法国的一些已经制定好的法典中。原始的法律精神仍然残留着很大的影响力，让惩罚的印记存留于某些地方官的法学观念中。我们在日常生活中就能找到惩罚意味的东西，比如"起诉"这个词就充满了惩罚意味（其词根就是拉丁语中的"报复"）。大部分地方官都对贝朗热给出的主张不屑一顾，他们都有很强烈的惩罚倾向。贝朗热主张，罪犯除非会再次犯罪，不然可以不受制裁。根据统计学数据表明，第一次犯罪的人受过惩罚以后，再次犯罪对他来说就容易多了。所有官员都承认这是事实。法官的心态是给社会报仇雪恨，如果罪犯没有受到惩罚，他就会觉得自己失职了，所以他心里想的只是如何为社会复仇，这样必然会造就一个真实的罪犯。——原注

交道都是一样的。一位曾经打赢过多起官司的著名的英国律师
总结道：

> 在辩护过程中，律师一定要时刻注意陪审团成员的表
> 情，把握每一个有利于辩护的机会，而这样的机会存在于
> 整个辩护过程中。陪审员的表情，能够反映出辩护律师每
> 一句话所达到的实际效果，经验丰富的律师，必须眼光敏
> 锐，从而让自己心里有数。首先要做的就是确认自己的辩
> 护理由能够赢得哪些陪审员的赞同。想判断出这一点并不
> 困难。然后要做的就是针对那些举棋不定的陪审员，集中
> 精神分析他们对被告存有敌意是出于什么原因。这就是一
> 项需要精益求精的任务了，毕竟指控一个人，不仅有出于
> 正义的理由，还可以有很多其他理由。

辩护策略的所有精髓不外乎这几句话。辩护律师一定要时
刻注意观察，随时做好改变辩护策略的准备，能做到这一点，
就不难理解"为什么原本精心准备的说辞有时候会起不到作
用"了。

千万别期望陪审团的所有成员都接受你的观点，辩护律
师一定要牢记这一点。主要精力要用来争取那些能够决定最
终判决的关键性人物，因为陪审团作为一个群体，具备所有
群体的一般性特点，能够影响全局的人物，往往只有那么一
两个。"我得出的经验是，整个陪审团往往都受到一两个灵
魂人物的支配。"这是前面那位著名律师说的话。辩护律师

要用巧妙的暗示，取悦那两三位陪审员，以赢得他们的情感倾斜。这时候，那些你准备争取的陪审团成员，恰好处于最容易被攻克的时候，你只要趁他们正动摇的时候，让他们感到心情舒畅，接下来无论你提出什么样的证据，都可能赢得他们的赞同。为了证明以上的观点，我摘录了一篇和拉肖有关的报道：

　　众人皆知，任何一场庭审，拉肖都会把目光集中在那几个他有所了解或者觉得较为关键的陪审员身上。这几个人通常都是非常难以说服的，而固执的人一般正是拉肖努力争取的人。有一次他接了一个外省的案件，其中有一个陪审员非常固执，哪怕他用了最巧妙的辩论词都没能触动这位陪审员，以至于他差点就失败了，不过最终他还是赢得了胜利。当时那个陪审员坐在第二排椅子的第一个位子上，是第七员陪审员。拉肖仍然在激烈的辩论着，但是他遇到了非常少有的棘手局面，简直快要放弃，但拉肖忽然停止了辩论，沉思了一小会儿后对法官说道："法官大人，第七陪审员已经被太阳晒晕了，您可不可以让人把前面的窗帘拉下来？"那位陪审员听到他说的话后，立马脸就红了。他冲拉肖露出一个微笑，以示感谢。之后他就站在了辩护方这边。

众所周知，陪审团制度能够起到这样的作用：当一个不受控制的团体集体犯错时，它能让我们避免受到伤害①。然而最近发生了一场极具规模的反对陪审制度的运动，它是由一批作家所发起的，其中不乏一些非常著名的作家。这些作家中有人提出主张，认为只能从受教育程度较高的阶层中挑选陪审员。我们先前已经证明过了，陪审团的判决并不会因为选拔方式的改变而发生太大的改变，最终的判决结果会与现在的选拔方式所产生的结果一模一样。也有一些作家建议应该取消陪审团制度，只让法官来审判，他们为此列举了陪审团曾经的失误。我真不知道这些人是怎么想的，他们所举出的陪审团的错误，法官早就犯过了，难道他们不知道吗？如果不是因为一些地方官、检察官、公诉人和初审法庭已经推定了被告人有罪，他又怎么会被带到陪审团面前呢？顺着这一点往下推理，如果不是陪审团对被告进行最后的判决，而把这一权力交给地方官，恐怕被告就算有冤情，也永远无法洗刷了。陪审团有可能犯的任

① 实际上地方法官是唯一不受任何制约的行政官员，他们的行动可以说是非常自由的。法兰西曾经有过那么多次的革命运动，但是至今也没有制定出一部让人满意的法律。英国人曾经制定的《人身保护法》倒是一部非常了不起的法典。法国将所有独裁者都消灭干净了，这一点我们的确有目共睹，但是那些令人厌恶的地方官员却充斥在每一座城市里，他们可以随意限制人们的自由，抹黑人们的名声。有一些城市配备了"审查官"，但这一措施毫无意义（英国绝对不会有这样的审查官）。这群手握令人恐惧的权力的人，只是一群刚毕业的大学生，没有任何社会经验的菜鸟。他们可以因为仅仅怀疑某个高位者做了不正当行为，就把他关进监狱，甚至不需要说明理由，不做任何解释。他们可以轻而易举让他在监狱里待个一年半载，理由是正在调查取证，他们释放他的时候，也完全不需要什么理由或解释，当然也不会有道歉和任何赔偿。法国公民阶层人人梦寐以求的东西就是司法许可证，它差不多就是一件工具，它的能量完全不亚于国王的赦令，所不同的只是拥有者和获得方式之间的区别而已。因为在法国只有位高权重的人才能申领国王的赦令，对此人们还以正义之名强烈地批判和谴责过。能够获得司法许可证的人，实际上不可能真的是没有复杂社会背景的独立人，他们也并不具备英明睿智的思想。——原注

何错误，都早在地方官那里犯过了。

因此，即便真的发生了非常严重的司法错误，首先应该受到谴责的也必然是地方官才对。最近发生了一件指控某医生（Dr.L）的案子，就是一个很好的例证。一位地方检察官接到一个有点痴傻的女孩子的举报，说有一位医生为了三十个法郎要强行为她动手术。检察官连事情的来龙去脉都没有问清楚，就对那名医生提起了公诉，可见有多么荒唐。最后因为这件事引起了公众们的怒火，最高法院才迫不得已判决医生无罪。我们可以清楚地看到这个案件中存在的野蛮和荒唐。虽然被告人获得了人们的同情，那位检察官也承认了自己的错误，但他为了面子和身份，曾经竭力阻挠法官签发赦免令。

显而易见的是，如果陪审团遇到与此相类似的案件，而且也存在细节上的理解障碍，肯定会听取公诉人的意见，他们会想当然地认为，检察官已经对事件进行了细致的调查，而且他们对搞清楚一件复杂的事情早已训练得得心应手。如果是这样，该为错误负责到底的是陪审团呢，还是地方检察官呢？基于陪审团是一个任何群体都无法取代的群体类型，而且能够让法律的森冷一面得到略微的缓解，所以我们这里要千方百计为陪审团辩护。从法律原则上说，不允许有任何特例的存在，所有人在法律面前都是平等的。而法官所要做的，是秉持一颗公正无私的心，把一切干扰都排除在外，只遵照法律条文办事，严肃和公正正是法官的职业特色。一个可怜的女人出于贫困原因杀死婴儿，或者她因为被男人始乱终弃而杀死婴儿，再或者在月黑风高夜杀人劫财，对于法官来说，铁面无私、照章审判是唯一要做的。但是陪审团与此有所区别。他们是从本能出发，认为被诱奸的女人应该轻判，因为值得同情，而罪魁祸首应该是法律没有惩治的诱奸者。

经过对职业身份群体和其他类型的群体进行心理分析后，如果遇到一个被错误指控的公诉案件，我肯定不会求助地方官，而会寄希望于陪审团。因为在地方官那里，任何辩驳都是无意义的，而在陪审团那里，没准儿还能有机会洗刷冤情。群体的力量原本就非常恐怖了，但在身份职业群体中，还有一些类型的群体所拥有的力量更加令人胆战心惊。

4. 选民群体

　　选民群体的常见特征　如何赢得他们的支持　什么样的品质是候选人必备的　必要的名望　工农阶级的人从来不选与自己阶层相同的候选人　用拉近关系的话和词汇能影响选民　竞选演说的最常见特点　选民观点的形成机理　政治委员会的权力　最可怕的独裁代表就是他们　委员会在大革命时期的情况　不能废除公共选举权，哪怕它只存在心理安慰方面的价值　就算在同一个阶层中举行选举，情形也别无二致　全国公民选举有什么意义

　　选民群体是混合性群体之一。推选某人担任某一官职是选民群体所拥有的唯一权利。选民群体只能在预备好的几个候选人中间推选官员由谁来当，意味着选民群体的所有行为都不可以逾越早已规定清楚的事情范围。所以说，他们只具备为数不多的混合性群体特征。他们表现出特有的几项群体特征：丧失思考、易怒、轻信、缺乏推断力和批判精神。我还能通过他们的决定来看清群体领袖的强大影响力，以及找到前面所提的"断言、重复和感染"等因素的作用。

想要获得选民群体的支持，就是找到他们的心理机制，而有些成功的办法可以轻易做到这一点。

第一，候选人要有很高的名望或者与名望同等重要的财富，这是非常重要的。在这个方面，最重要的成功因素绝不是非凡的才华和出众的能力。

第二，拥有名望的候选人要在第一时间让选民认可自己。工人和农民都不会有很高的名望，但他们却占据了选民的绝大多数位置，他们极少选与自己同阶层的候选人。只偶尔他们才会因为一个不值一提的原因心血来潮选同行，比如满足一下手握他人命运的虚荣心，或者因为仇恨某个权贵或大人物，所以希望自己的同行业候选人能够替他出一口气。

候选人的贪婪和虚荣也是选民格外关注的因素，所以候选人想要有必胜的把握，就不能单靠名望。他们必须用浮夸的承诺、肆意吹嘘的构思和让人瞠目结舌的欺骗手段，来赢得选民的认可。最后能不能实现这些根本不重要。

候选人如果想赢得工人阶级选民的认可，完全可以使出浑身力气滔滔不绝地针对那些老板和头目进行谩骂。而针对竞选对手，关键是要让选民相信对方是个卑鄙无耻的恶棍，竭尽所能使用断言、重复和感染的方法，而不需要在表面的证据上浪费精力。假如竞选对手不懂群体心理，采用了用各种证据来为自己辩护，而不是以彼之道还施彼身的方法，最后铁定会一败涂地。

另外，候选人可以空口白牙说任何大话，但千万不要写在纸上，用文字类稿件表达时不能太绝对，不然容易给对手留下把柄来攻击自己。你尽可以承诺选民，说即将采取一项重要的改革措施，候选人的夸张承诺所能带来的收获绝对能令你喜出望外，而且不必担心这样做会有什么不良后果，因为这是将来的事，没有任何约束力的。改革是需要时间的，选民不可能花费心思来监督你是不是真的能完成。候选人将来能兑现多少承诺，完全不是支持他的选民所关心的，哪怕当初之所以选择支持他正是因为这项纲领。

在上面的事情中我们可以找到所有前面已经讨论过的说服因素。我们也已讨论过了套话和空口号所能产生的惊人力量，在这些空口号和套话中同样能找到这些因素。一个演说家如果善于利用这些手段，完全可以用说服的办法来达到靠刀剑才能达到的效果。有一些貌似老套的说法比如劳工最伟大、剥削者是可耻的、实现财富均等、这种发财手段是卑劣的等等，永远都能带来相同的惊人收获。当然，要是候选人还能说出一些新鲜的词汇，即便表达不清，含义不明确，也可以赢得胜利，只要能说中大家的愿望就可以了。这一类含义不明确的新词汇，曾在1873年引发了一场西班牙的暴力革命。为了满足自己的奇思妙想，每个人都有一套解释。有一位作家描述了当时的那种说法是如何出现的：

　　激进派发觉所谓的共和国只是以集权制为外衣的君主制后，议会为了照顾激进派的情绪，投票决定建立一个"联邦共和国"，实际上这是一个什么样的体制，它的含义是什么，没有一个投票者能解释明白，可偏偏所有人都带着激动的心情同意了。地球上马上就要诞生一个美名远扬且能给大家带来幸福的王国——所有人都沉浸在这样的幻想中。共和主义者也扬眉吐气了，因为他们被授予了联邦主义者的称号。大街小巷欢声雷动，为了表达敬意，人们高喊着"联邦共和国万岁！"人们赞同让士兵自我管理，因为他们认为"没有纪律的军队"是一种不可思议的美德。

人们对"联邦共和国"的含义到底是怎么理解的呢？其实各有各的理解，可谓多种多样：有人认为这样代表着彻底解放各省，政治制度将和美国的行政分权制度差不多；有人认为一场伟大的社会革命即将开始，任何的特权都会被消除。安达卢西亚和巴塞罗那的社会主义者全都认为最高权力该归公社所有，主张将西班牙建设成一个拥有一万个独立自治区的国家，每个自治区可以根据自己的实际情况制定法律。另外还主张取消现在的一切军队和警察。反应更快的是南部的各个省份，一时间许多乡村、城市都出现了反叛。其中有一个乡村刚刚发表完宣言就实际行动起来。为了不跟马德里或相邻的城镇有联系，他们立刻先把所有的铁路和电报线破坏掉。结果呢，变得比以前还要孤立的村庄事后只能附庸别人。一时间整个国家都被这场暴力的狂欢氛围所感染，欲罢不能。人们从联邦制那里获得了自立门户的自由，可以无所顾忌，甚至胡乱杀人。

只要你能明白选民的大脑是如何受到理性的影响，且深入探究了这个问题，那你就该知道最不可信的就是关于选民集会的报道。这种集会上只有相互间的谩骂和拳脚相向，以及煞有介事的承诺，除此之外我们听不到任何和论证有关的言辞。只有当一个蛮不讲理的粗人起身，表态要质问候选人时，才能让会场获得片刻的安静，因为听众们最喜欢听的就是他所说的那些话，这能让他们趣味盎然。但是质问者的声音很快就会被对手的谩骂声压盖下去，所以这种反对无一不是短暂的。从报纸上我们能看到数不胜数的事例，能找到数以千计的公众集会报道：

> 一名会议的发起人提议让大家快点选出一名主席，结果引发了骚乱，全场喧嚣不止，久不平息。后来一些无政府主义者跳上讲台，蛮横地霸占了会议桌。针对这样的蛮横行为，社会主义者立即展开反击。大家针锋相对，绝不向对方妥协，起初相互指控对方是搅屎棍，是政府雇来的走狗，接着就爆发了肢体冲突……有一个倒霉的公民后来只能提前离开会场，因为他的眼睛被打肿了。
>
> 骚乱还在继续，胜负难分，所以会议往后拖了很久，最后X上台发表了一场激情洋溢的演讲，强烈批判社会主义者，有理有据，情绪高昂。下面的人为了打断他的演讲，开始高喊各种脏话，如蠢货、无赖、流氓等字眼。但是这些脏话却被X组装成了一套理论武器，开始反击社会主义，说他们才是"愚蠢可笑的人""无聊透顶"。
>
> 昨天晚上以庆祝五一工人劳动节为由，阿拉曼派在福

伯格官大街的商会大厅，以"沉着冷静"为口号预先为今天的表演排练了一场。

G才是"蠢货"和"谎言家"，这里指的是所有社会主义者。

大家相互揭短，以最脏的话和最恶毒的字眼为武器攻击对手。口水仗之后当然还要进行肢体上的较量，他们有了新的武器，板凳、桌子和椅子，因为演讲者和听众看对方实在不顺眼。

类似的事例不胜枚举。

要是你认为不同身份地位的人会带来不同氛围的集会，只有顽固不化的选民群体才会出现上述这样的场景，那你太天真了。只要是缺乏旗帜的集会，都是喧嚣不断，口舌纷争，哪怕集会成员全是受过高等教育的人，会场的情景也还是那么回事。人的智力因为聚集成群体而必然大幅下降，因为会受到制约。这方面的事例可以发生在各种场合。接下来我们从1895年2月13日的《时报》报道中，摘录一次集会过程来说明这个问题：

时间已近深夜，但喧闹却有升级的迹象。我很确信，无论上台演讲的是谁，都会在刚说一两句话时就被阻断。叫嚣声、呼喊声、嘘声或掌声可能会从任何一个角落传来，另外听众席上也争吵不休。有的人用力挥舞着手里的木棒，有的人狠狠跺地板，"滚下台去"或"继续说下去"等叫喊声此起彼伏，一句反对的话就会迎来一大片反击的声潮。

从C先生的嘴里不断喷吐出要消灭蠢货、混球、懦夫、无耻之徒、攻击、报复、见钱眼开等一类的话。

这种情况肯定会引发人们的疑问，在这样的氛围中选民为什么还能形成统一的意见呢？实际上，群体在一定程度上是自由的，所以不该问这样的问题，如果非要问，就等于让一个错误的理解藏于幕后。尽管意见和选票掌握在选民手里，但政客才是真正的操控者，议会选举的实际主人是他们。他们对工人阶层的影响力是非常大的，因为他们会向工人许诺，只要他们竞选成功，就能给工人带来好处。谢乐先生是捍卫民主政治的勇士，他说："如今统治法国的是选举委员会，什么是选举委员会？它是政治机器的杰出产物，是各项制度的基础。"①

候选人想要影响群体，只需要拥有财路，并且自身获得了群体的认可。一个想让布朗热将军重新上位的捐款人说，只需要三百万法郎就能达成所愿。

---

① 无论委员会是以俱乐部、辛迪加或别的名义出现，都能体现出群体力量，能够造成非常可怕的后果。这样的组织在现实社会中代表着专制和独裁主义，拥有极强的强迫性，是最没有人性的。每一个委员会的领袖，都是根据自己的个人主张来行事，他会把集体利益和他的利益混为一谈，因此无论出现任何后果他都不必负责。他们一旦行动起来往往都是会雷厉风行，且掌握着摆布别人命运的巨大权力，而这样的权力能令最残暴的君主都眼红。一位典型人物就是巴拉斯，他曾堂而皇之地宣布，他可以轻而易举铲除掉自己的对手，也可以裁掉国民公会里的任何一个议员。罗伯斯庇尔如果仍然站在他们这边，当他们的代言人，就继续让他拥有绝对权力。然而罗伯斯庇尔太过自负专制，逐渐疏离这些人，所以也就失去了这种大权。委员会的统治，也等于是群体的统治，也就等于是委员会领袖的统治。这么粗暴的统治在历史上可谓是独占鳌头了。——原注

这就是心理学上的选民群体。他跟其他群体相比，既不优越也不算差劲。

但我们不能因为上面的论述就认为普选政策是错误的。我很清楚它将来会怎么样。这种政策保留下来也算不上什么坏事，因为必须考虑一些切合实际的因素。我们通过对群体心理的调研，总结出来这些原因。我们接下来还要进行更深入的论述。

人们一直非常关注普选，因为它的缺陷实在太显眼。我们要看清现实，文明是极少数站在金字塔尖的人所创造的。金字塔有很多层，越宽广的层次，智力所能发挥的效用就越微弱，而构成这些层次的是一个民族的大众。如果期望智力低微仅仅是人数众多的选举者创造一个伟大的文明，无异于异想天开。另外，如果让大众投票来决定，是很危险的一件事，这一点我们必须警惕。我们几次三番遭到外族的侵略正是这样的选举造成的，我们已经付出了足够惨重的代价。社会主义道路眼看就要被群体铺成了，一场异想天开的人民主权论，就可能让我们功败垂成，并且付出惨重的代价。

从理论上说，这些很有特色的主张很容易让别人信服，但实际上并没有成果。除非让人们明白，一旦观念升级为信仰，就会产生强大无匹的力量，他们才可能承认这一事实。以哲学思维来看，如果它们能像中世纪的宗教教条一样，群体所蕴含的巨大权力实际上根本不用去理睬。但今时今日，情况不同了，它的权力变得异常强大，能和昔日的宗教教条相媲美。试着设想，如果一个现代的自由思想家回到了中世纪，对于当时盛极一时的宗教观念为什么拥有那种绝对权力，他肯定不会反对和辩驳。当他面对能够将他送上火刑架的法官，原因是被指控参加了女巫的安息日或者与魔鬼签订了契约时，他肯定不会怀疑世界上有魔鬼和安息日的存在了。群体的信念从来都很不理智，仿佛用口舌争辩来对抗飓风一样。今天的普选所具备的力量，和曾经的宗教教条所必备的力量不相上下。路易十四①显然无法享受演说家和作家对普选制度的尊崇和谄媚了。我们看待群体应该和看待宗教教条一样，除了时间，没有任何东西能影响它的地位。

不要试图破坏这种教条，教条有足够的自保能力，所以你不会有任何成果。我觉得托克维尔的话说到了点子上，他说："平等时代人和人之间没有任何区别——这种鬼话没有人会相信，但是人们还是不由自主地认为公众的判断力是对的。道理很浅显，这个世界上并不是人人都很明智，而真理并不会因为哪一方人多势众就倒向哪一方。"

有的人认为，想要让群众选举的结果上一个台阶，就该严格限制选举权，最好把选举权只交给聪明的人。我不认同这样的说法，无论是什么人组成的团体，只要是形成了群体，其智力必然受到制约。人们的智力会在形成群体的一刻就大幅下降。对一个一般性的问题进行投票，四十个院士所投出的结果，和四十个卖汽水的人所投出的结果，并不会有质量上的差别。还有人主张，为了让普选提高质量，减少舆论谴责，就应该把投票

①路易·迪厄多内·波旁（1638—1715），法国波旁王朝国王，号称"太阳王"，又被称为路易大帝，法国历史上最伟大的君主之一。从1643年到1715年共执政72年。著名的凡尔赛宫就是他在位时修建的。——译注

权交给教育程度高和有教养的人。我不可能赞同这样的说法。一个人是医生还是兽医，是建筑师还是律师，是否精通数学和希腊语，并不会改变他的特殊智力，以及对社会问题的了解程度。在面对一些一般性的问题时，比如贸易保护、双本位制，我们的政治经济学家从来没有意见统一过。他们有的是学者，有的是教授，全都受过高等教育，但结果又能怎么样呢？实际上，只是我们大多数人的无知突显了他们的有文化，所以结果还是一样。从本质上来看，所有人都是无知的，因为有太多的未知因素能够制造社会问题。就算多领域学问的专家组成的选民，投票所产生的结果也不会比现在好更多，因为他们的情感或者党派精神等会时刻影响着他们。眼下存在的这些难题，他们同样解决不了，甚至还会多出另一重威胁，即身份职业群体的暴政。

限制或者放宽选举权，国家制度是君主制还是共和制，是在德国、法国、西班牙、葡萄牙还是比利时，都不会改变这种结果。一言概之，这种制度所体现的不过是一个种族的无意识的需求和憧憬，以这种方式来传递罢了。在任何国家，基本上都是种族性格决定当选者是谁，而且这种种族性格无论再经历多少代人，都不会有明显的改变。

关于种族的基本特性我们已经进行过大量的讨论了，在此过程中不难得出另一个结论：政府和制度的形式，对一个种族的生存形态来说，其影响力微乎其微。左右一个种族的生存形态的东西是种族性格。而种族性格是种族遗留下来的某些品格所组成的。所以说，我们的命运如何，取决于我们是什么种族，以及日常约束我们的各种道德规范。

5. 议会群体

　　有名称类型的混合性群体的大部分特征，议会群体都有体现　他们的观念简化　暗示对他们的作用以及局限性　他们的稳定观念和易变观念　犹豫不决为何占主导地位　领袖的作用　他们从何处获得名望　议会中人数众多的派别中，他们才是幕后主宰者　他们拥有绝对权威　演说的精髓　措辞和意象　固执、自我、小肚鸡肠的领袖出于何种心理需求　没有人会认可一个毫无名望的演讲者议会群体喜怒无常的浮夸情感　有时候他们的所作所为是无意识的　议会的任期　丧失群体特征的情况　如果遇到技术性问题，专家的影响力　国家议会制度的好处和危害符合现代化社会的需求，但是更大程度地限制了全民的自由，还造成了财政浪费　结论

　　议会群体是典型的有名称类型的混合性群体。各个国家的议会群体具有基本相似的特征，尽管议会成员所采取的选举方式有所区别，且随着时代进步各有变化。一个明显的现

173

象是，种族精神在这种方面的影响，并不会阻碍这些特征的体现，而只是对群体的共同特征进行了强化或者削弱。不管是法国、意大利、希腊、美国、西班牙，还是葡萄牙，议会在投票或者辩论的时候，场面几乎一般无二，尽管它们的传统风俗和制度各不相同，但是这些国家的政府高层却面临着同样的苦恼。

议会制度似乎正在被一切现代文明民族视为最理想的制度，所有民族都希望建立这种制度。实际上，这是一种极为顽固的隐藏观念所导致的：当一群人共同解决一个问题时，人们总认为多数人的决定好过少数人的决定。站在心理学的角度，这种观念完全是一个错误的定见，但它却被普遍认同。

群体的一般性特征，在议会群体中都有体现：喜怒无常、善变、极易受到暗示、缺乏头脑、真正的主导者是为数极少的领袖人物。除此之外，议会群体还有些别的特征，这是由于议会结构的特殊性所导致的。我们接下来就简单说明一下。

有一个最为关键的特征：把观念和主张简单化。无论问题是否复杂，各党派都不约而同地用一些最简单的普遍规律或抽象理论来解决（它们就像万能钥匙一样，能让一切问题迎刃而解）。在拉丁民族的党派中，这种情况尤为严重。尽管不同的党派所秉持的原则各不相同，然而群体是由个人组成的，每一个个体都总是泛滥使用自己的原则，夸大其效用，恨不得将它公理化。所以，这就导致各种极端观念都被带到了议会中，且更为严重。

这就是为什么议会的观念和主张通常都那么简单，像公式一样。有一个非常典型的事例，法国大革命时代的雅各宾派用非常死板、极富逻辑的方式来跟他人打交道。连他们自己也说不清楚心中的观念到底是什么样的，却恪守这些呆板的原则。所以他们做事的时候总是框在一个教条的架子中例行公事，完全不懂因事而异。人们对雅各宾派的印象，好像只有那场由他们引发的革命，至于革命最后的结果怎么样，完全没有印象。他们刻板地遵循那些简单的原则，幻想让社会焕然一新，可结果他们却让社会倒退到了社会进化的最初级阶段，连原本的文明都没有保住。他们和所有没脑子的人一样，采取了一种简单粗暴的路子。所取得的成果，只是留在身后的一片狼藉，毫无建树。

极易受到暗示是所有群体的共同特征，包括议会群体也一样。拥有名望的领袖对群体的暗示最为显著。不过，议会群体所受到的暗示，在程度上有一个明确的限制，这一点必须指出。

所有议会成员在面对涉及地方性或区域性的问题时，无不坚持相信自己的观念和主张才是正确的，甚至于任何的论证都不可能让他们动摇。如果问题关系到有权有势的选民的利益，比如贸易保护或酒业垄断这一类的问题，每一个议员的投票都是非常明确的，就算是狄摩西尼[①]在世也无法改变他们。这类选民在投票活动还没开始前，就已经把自己的意象

---

① 狄摩西尼（前384—前322），古代雅典演说家。他曾向伊赛奥斯学习修辞术。他的演说极有说服力，能用简练的语言达到非凡的效果。他的散文风格自然生动、简洁流畅、感情强烈，最能抓住人心。——译注

做了暗示，这足以让一切反对意见都无法动摇它，这样的主张是无比牢固的①。

不过如果是出台新税种、换内阁等这一类问题，就绝对不存在不可动摇的主张了。领袖的观点这时候就能起到不可忽视的作用。不过这种影响方式，和对普通群体的影响方式不太一样，因为任何一个政党都有各自的领袖，而领袖与领袖之间的权势又没有明显的落差感。如果一个议员同时受到他们所施加的影响，而且他们的提议是对立的，那他肯定会犹豫不决。所以我们往往能看到，某个议员在十五分钟之前支持一种提议，而现在又改为支持另一个完全相反的提议。想让某项法案作废，最好的办法是增加另一条法案。比如以前的法案规定，用人单位不可以随便解雇劳工，如果在后面加上一条修正法案，那么前一条法案的实际效力基本就丧失殆尽了。

就是因为这样的原因，任何一届议会都会遗留下一些并非确定不改的提案，也会形成一些牢不可动的提案。这些尚有悬念的问题差不多都是一般性的问题。他们因为顾虑选民的反应，所以不敢胡乱拍板。领袖的影响力往往因为选民意见的滞后而受到很大程度的制约。

不过只要议员们不能提出像先知一样的提议，这件正在讨论的问题就依然受到领袖的意见摆布，无论已经经过多少次唇

---

① 有非常多的例证可以表明，有一些早已确定的主张是不会因为选票不均衡等原因而改变的。有一位很有经验的英国议员说过这样一段话，这就是很好的例证："我在维斯特明斯特工作了五十年，听过成百上千次的演说，然而不管是什么样的演说，很少能够动摇我已经认定的观点。这些演说基本不会改变我的任何一次投票选择。"——原注

枪舌剑的辩论都一样。

领袖是必然存在的，他们才是议会的实际主宰者，每一个国家的议会中，都有这种存在，他们以团体头目的身份出现。假如一个群体缺少这么一个勇往直前的领头羊，那肯定是一事无成。这就意味着，议会最终所做出的表决，实际上是由极个别人所主导的。

领袖的实际影响力有多大，取决于他们的名望，至于他们所展示的推理论证，其实是微不足道的。这其实很好理解，如果领袖没有令人信服的威望，那他们也就不会产生影响力。

政治领袖的名望往往来源于个人魅力，而并不是从称谓或头衔得来的。我们以前听西门先生讲过一个非常具体的事例，他在文章里评论1848年国民会议的关键人物时，写了这样一段话：

> 两个月前，路易·拿破仑只手遮天，要风得风要雨得雨。
>
> 如今，谁还记得他。讲台已经属于维克多·雨果了。不过他的演说不比皮阿的效果好多少，基本上没有掌声。沃拉贝勒在评论皮阿时是这么对我说的："他是一个伟大的法国作家，也是一个了不起的演说家，不过他的那些想法让我非常讨厌。"
>
> 还有才智出众的基内，说起来他是个名人，也非常聪明，但是在议会里毫无威望，同样没有人尊敬他。
>
> 口才和才智在政治会议这种场合下绝不是关键，人们

甚至不会在乎一项决策是不是有利于国家，有利于党派才是最重要的。因时制宜能够抓住机遇的天赋和口才才是它所在乎的。1848年的拉马丁和1871年的梯也尔所能受到的那种崇拜早已一去不复返了，除非你能让人们看到诱人的并且近在眼前的利益。如果这种利益关系消失了，无论你是谁，你曾经给议会带来了震惊还是振奋，它都会把你忘得干干净净。

我之所以摘录这段话，是因为里面包含着一些事实，至于它所做出的解释，我并不是很信服，更何况其中一点心理学方面的内涵都没有。无论是国家领袖还是一个党派的领袖，只要能赢得群体的拥戴，群体自身的性格就会消失。领袖能征服群体服从于他的，是他的名望，跟利益、感激之情等毫无关系。

总之，领袖能否权倾朝野，关键取决于他的名望。有一位非常有名的众议员，他拥有极高的名望和影响力，并且保持了很多年。当初他只需要一个手势就能让内阁倒台，然而在上一次的大选中，却因为一些金融上的问题而落选了，这在当时是一件非常轰动的事件。有一个作家以他的笔墨为我们展现了这位众议员当初的影响力：

这位X先生是一个非常难缠的角色，我们需要付出三倍的代价才能搞定他。他的影响力实在大得可怕。我们在马达加斯加的地位，因为他的关系而一直无法稳定。在埃及也没有了优势，还丢失了南尼日尔的一个帝国。我们沦丧的领地甚至超过了拿破仑一世的那场灾难，X先生的一句荒唐言论也具有无比巨大的破坏力。

没错，他给我们造成了巨大的损失，但是我们没资格谴责他，因为无论他有多大的影响力，都是民意所赋予他的。跟殖民地有关的决策，没有任何一个领袖敢站到民意前面，民意是最超前的，他的所作所为仅仅只是顺应民意。由此可见，顺应民意本身就意味着会酿成大错。

我们在前面已经谈到过了，除了名望之外，领袖还有其他的办法说服群体。而想要得心应手地使用这些方法，领袖就一定要深刻认识群体的心理状态，哪怕做不到太深刻，也起码要多花些心思。

说话措辞和表达方式也是领袖需要特别注意的。词汇要丰富、套话要说得流利，还要有意象——意象的力量不容小觑。领袖必须要有好口才，要敢于断言，能滔滔不绝，并且词汇中要蕴含生动活泼的意象。如果需要论证，一定要模棱两可，只要没必要，就坚决不去论证。这样的辩论高手，我们可以在任何集会中看到，就连以严肃著称的英国议会也不例外。英国哲学家梅因①说："下议院的辩论从头到尾都是一副唇枪舌剑的气氛，不过这些口水仗毫无意义，除了能吐对方一脸唾沫星子，说几句慷慨激昂的空话外，真的没什么了。因为这样的辩

---

① 亨利·詹姆斯·萨姆纳·梅因（1822—1888），19世纪英国最著名的法律史学家。他的著作《古代法》一经出版，便成为欧美法学界普遍研究的经典之作，对西方法学界的影响极大，因此他被西方学者公认为英国历史法学的创始人。——译注

论总是一板一眼煞有介事，所以对自由民主只剩下了单纯的想象。他们时不时会得出一些震撼人心的结论——这实在是家常便饭——都是模糊不清的，它从未有过先例，以后也多半不会有机会被证明。"

上面所说的"震撼人心的话"要多说，吹破了天也不要紧，这样才能体现出套话和空话的特别力量，这种力量我们先前已经探讨过了。生动形象是措辞的关键要求。为了说明白这一点，我们从一位议会领袖的演说词中摘录一部分：

> 那片土地上有我们的一座监狱，我们的船就是往那边走的，好像现在正在闹热病。监狱里关押着把政府当狗屁的杀人犯，还有跟他们关在一起的声誉不太良好的政治家。他们会成为惺惺相惜的好狱友，从此相依为命，畅所欲言，谁要有困难了，他们还会伸出援助之手帮对方一把。

他用这种画面感极强、意象生动的词汇来威胁他的对手，效果极佳。人们的脑海里不由自主出现了这样的两幅画面：一艘船正在驰往这里，他们这些政治家随时都可能因为站错队，而被带到那片热病流行的土地上。这种恐惧感，就像当年罗伯斯庇尔用断头台给国民公会的人带来的恐惧感。面对这样的威胁，谁敢与他作对呢？

领袖们的讲话哪怕是荒诞不经和夸大其词的，也只有好处没有坏处。就像刚才的那位演讲者一样，他断言（这种断言极少有人会反对）金融首脑和僧侣正在为虎作伥，给投掷炸弹的人提供经济援助，所以金融集团的首脑和那些无政府主义者都该受到惩罚。根本不必怀疑这种断言的效果。在这样的场合下，哪怕断言充满了威胁和愤怒，也没有什么不合适的。群体最容易被这样的辩论话术震慑了。他们的任何一个人在听到这样的断言后，都会吓得忐忑不安，如果敢反驳或提出异议，就会把自己置于叛国者或帮凶的位置上，将会为此付出惨重的代价。

这种独特的辩论话术，我已经讲明白它所具备的功效了，放在任何场合的集体会议上，它都能够卓有成效。如果把它用在危急关头，那效果就更显著了。站在这个角度去想，法国大革命时期的那些数不胜数的集会上，所有演讲者的讲话都是荒诞无稽的。无论何时何地，他们先让自己站在正义的制高点上，向在场的人数落暴君的残忍，并且信誓旦旦"为了自由甘愿抛头颅洒热血"，群众受到鼓舞，激动难耐地起身鼓掌，坐回去后继续听演讲，如此反复。

聪明的头脑、良好的教育以及丰富的学识这些品质对于一个领袖来说恰恰是致命弱点。他会把事情弄得无比复杂，一上演讲台就会竭尽所能地论证、解释，企图让大众都能明白他。他作为演讲者，本应该具备的强烈信念和简单粗暴的手腕，都因为他的学识和才智而变得羸弱不堪，以至于许多不该忍耐的东西他都不合时宜地忍耐了下来。我们追溯古今，尤其看看大革命时代，那些了不起的民众领袖，哪一个不是心胸狭隘，思想偏激的家伙？很惊讶是不是？可正是这样的头脑才换来了那么巨大的影响力。

那个时期最光芒耀眼的演讲者就是罗伯斯庇尔，尽管他的演说词是那么自相矛盾，有时甚至让人瞠目结舌。我们无法理解，这位曾经一手遮天的独裁者，是怎么利用这种狗屁不通的演说词而获得如此巨大的影响力的。

> 他灌输给别人的是千篇一律的常识和废话。他从拉丁文化中引经据典，这些连小孩子都比他懂。他所辩护的观点和采取的进攻，就和小学生撒泼耍赖差不多。翻来覆去就那么几个乏味的词汇，让人昏昏欲睡。想听点儿有深度的思想——你就太难为他了。他只会像疯狗一样狂吠，讽刺这个，讽刺那个，却又说不到点子上，你读了他的那些论断，一定会无聊地想自杀。"啊……"你最多像老好人德穆兰①这样长叹一声，除此之外很难有别的反应了。

当一位名望隆重的人同时拥有着狂热的信念和偏激狭隘的心胸，那么他就能从中获得绝对的权力。这种事听起来真叫人恐惧得发抖。谁如果具备了这些最基本的品质，都可以拥有无

---

① 卡米尔·德穆兰（1760—1794），法国记者，政治家。1794年1月7日，罗伯斯庇尔在雅各宾派俱乐部的一次演说中要求烧毁某几期《老科德利埃报》（1793年至1794年间温和派主办的报纸。主编德穆兰。该报得到丹东等人的大力支持，共出版了6期。前两期主要抨击埃贝尔派的主张，得到罗伯斯庇尔的支持。从第三期起，变为反对恐怖政策，借嘲讽古代暴君映射法国当时的恐怖行径，要求废除嫌疑犯法，提倡仁慈、人道，建议成立宽赦委员会），德穆兰引用卢梭的话回答说："燃烧不是答案。"这个含蓄的回答导致了罗伯斯庇尔和他的冲突。三月底，同丹东等其他温和派领袖一起遭到逮捕。4月13日，他的妻子被以莫须有的罪名率先推上断头台。15日，他和丹东等15人同样被推上断头台。——译注

比强大的意志力，路上的任何障碍都不会放在眼里了。群体需要这些精力充沛、信念坚定的人来当他们的领袖，而这些人也每每能成为领袖。

演讲者在议会里的演讲是否成功，只与他们的名望息息相关，至于他们所做的推断，根本起不到多大的作用。这足以说明一点，假如一个演讲者失去了他在民众们心目中的崇高名望，那么他原本的所有影响力都将丧失殆尽，而他的意志力也无法再转变为现实。

无论是多么证据明确、条理清晰的演讲稿，若是演讲者自身名望低微，他的演讲只能是走个过场，一无所获。有一位名望低微的众议员的演讲场面是这样的，颇懂心理学知识的众议员德索布先生描述道：

> 他精神抖擞地走上演讲台，将一份演讲稿从公文包里取出来，而后平整地放在演讲台上，开始了这一次演讲，看起来信心满满。
>
> 他先前就非常自信地说，这一次演讲一定会让在场所有人都相信他的话，因为那件事曾让他无比振奋，尤其是上面的数据和依据，给了他强大的自信心。于是他在讲台上不厌其烦地反复论证着。他认为听众们肯定会认可他的观点。他根本不怕别人的提问和质疑，因为他有足够精确的证据。他认为他所说的那些肯定能赢得别人的一致赞同，因为那是确信无疑的道理，他相信在座的同仁都有一颗聪明的脑袋，一定一点就通。于是他对自己的演讲稿沾

沾自喜，信心十足。

可是令他没想到的是，他的演讲刚刚开始，会议厅里就乱糟糟一片，到处都是说话声。这令他非常愤怒。怎么会有人不尊重会场，不尊重他的讲话呢？那些众议员的注意力怎么会放在别处，而不是集中精力听他的演讲呢？难道发生了什么紧急的事情？否则他们为什么会从座位上离开呢？

他的脸色越来越差，忐忑不安起来。他眉头紧皱，演讲已经无法进行下去了。然而议长鼓励他，让他继续往下讲。他为了吸引听众的注意力，不由加重语气，抬高嗓音，还伴有手势强调。可是噪音变得比刚才还大，他都无法听到自己的声音了。他无奈又停了下来。但是他怕自己的沉默惹怒听众，所以又接着开始演讲。他非常害怕听到"滚下台！"这样的话。于是噪音就升级成了震耳欲聋的喧哗。

偏激和冲动同样也是议会群体的特点之一。这时候的它会和一般的混合性群体一样，表现得极度亢奋。要么诞生一些伟大的英雄主义举措，要么为祸乱埋下伏笔。每当这时，个体的理智都被它吞噬，任何人都不介意给损害自己利益的决策投下一张赞成票。

在法国大革命时期，有许多个体丧失理智的例子。对一些违背自身利益的提议，他们毫不吝啬地投了赞成票。在国民公会期间，某个为历史留下浓墨重彩的一笔的晚上，那些贵族成员毫不犹豫地放弃了自己的贵族特权，这种举措是一种无法回头的牺牲。可他们不在乎。放弃权力的议员，等于是放弃了自己的生存权。他们在残害着自己的同伴时就心知肚明，今天被推上断头台的是别人，明天可能就是自己，但是他们不害怕。他们被那些建议侵占了大脑，完全陷入一种瘫痪的状态，根本没有自我，任何办法都别想改变他们。其中有一位名叫比劳·凡尔纳的人，他在回忆录里记述道："太不可思议了，两天前，可能是一天前我们还反对的建议，现在居然达成了统一。这种结果完全是危机意识造成的，别的因由都不可能有这么大的作用力。"他的说法完全正确。

在任何一场激情高涨的议会上都能找到这种丧失意识的例子。泰纳说：

他们在批准或执行杀害自己的同伴和无辜者的时候，几乎带着一种自豪的心情，根本不知道这是在犯罪，而且是非常白痴的行为。右派成员赞成左派成员把右派的领袖——发动了这场革命的丹东——推上断头台，大家掌声如雷，大声叫好。而后在同样山呼海啸般的掌声中，左派成员支持右派成员，通过了革命时期最惨无人道的法令。议会中所有的人都激情澎湃，疯狂欢呼，他们是如此崇敬德波瓦、库东和罗伯斯庇尔等领袖，所以不停地支持不同的人上台，最终让一个罪恶累累血腥弥漫的政府执掌国家。平民派人士、山岳派人士以及很多派别的人士都憎恨这个杀人如麻的革命政府，但是后来，不管是多数派还是少数派，包括平民派和山岳派全都赞同了这种杀来杀去的游戏。牧月22日发动大屠杀的人掌控了整个议会。热月8日，罗伯斯庇尔的慷慨激昂的演讲结束不到十五分钟，同样的好戏再次上演。

泰纳的描述无疑令人脊骨发凉，可这是事实，一点都没有夸张。议会处于亢奋状态时，或者头脑发热时，做出这样的事情是非常正常的。这时候的议会是变幻莫测的，它变得像流体一样，随时都可能改变流向。

群体善变，情感浮夸这样的特点我先前就提过了。坚定推崇民主的斯普拉奥先生，是亲身经历过1848年议会的议员之一，他的描述为我们提供了一个非常典型的例证。它很好地证明了群体的善变和易走极端：差不多每时每刻都发生着从一个极端情感走向另一种截然相反的极端情感的事。这段文字发表在《文学报》上，我曾转载过。

共和派最后不得善终，完全是它自身所存在的那些症疾和先天缺陷导致的。他们相互妒忌，从不团结，谁也不信任谁，但又总是轻信他人。他们肆无忌惮，完全放任自己的欲望。你质疑它，其实差不多等于质疑它的幼稚和不成熟。那些人眼里是没有法律和规矩的，他们的脑子里总是塞满了令人恐怖的幻想，而后照着这些幻想肆无忌惮地行事。宽容和忍耐这样的品质别想从他们身上找到，他们是一帮残暴、冷酷、放肆的野蛮人。他们连乡野村夫和黄口小儿都比不上。他们的这些坏毛病，都是因为没有文化素养和性格太幼稚造成的。无论发生什么事，他们都不会感到震惊，但是他们又会表现出遇事就慌的常性。他们的表现总是那么极端，慷慨赴死的时候非常英勇，但每每遇事就怕。可能正是因为容易惊慌失措，他们才拥有了那种悍不畏死的英雄主义头脑。

他们做事从来不问青红皂白，也从不关心事物的因果联系。他们前一刻还像霜打的茄子，过一刻就像刚刚打了鸡血。总之一会儿热情高涨，一会儿如丧考妣。他们无法让自己不惊慌失措，神经紧绷是轻的，绝望得精神崩溃是常有的事。他们实在做不到让自己的心境和状态符合场合所需。他们就像水一样没有定性，头脑混乱不清，行为反复无常。政府让这样的一群人来折腾，你还期望能出台什么好决策吗？

令人庆幸的是，议会中并不是经常发生这种状况，否则天晓得会怎么样。大多数时候，议会中的个体都能保持独立，形成群体的机会并不多。在这种较为理智的状态下，还是能够制定出一些出色的法律条令。这是因为，通常能够制定法律的都是专家人士，而他们拟订草案的时候往往需要在不受别人干扰的环境下进行。这就确保了议会最终通过的法律，都是出于个人建议。而这样的法律才是好法律，不会给国家带来什么灾难。当然，要是再经过一连串的修正后，把这些法律又变成了群体的产物，那就另当别论了。任何群体的产物，都是劣质产品，不管它是什么性质的，都比不上个人的独立成果。每次议会即将通过一些欠缺斟酌或不该颁布的法案或决策时，恰巧都要经过专家的审核，这样就意味着专家以领袖的身份在影响群体，而不是他的意见在被议会牵着鼻子走。

虽然议会的运行存在各种各样的问题，不过迄今为止还没有找到任何治国方式比议会更妥当的。尤其议会能有效制约个人独裁主义。无论是思想家、哲学家、艺术家、作家，还是博学者，议会能够把他管理进去，议会不会遗漏任何一个阶层的人。总的来看，人类文明社会发展到今天，最合适的管理模式仍然是议会。

不过，现实社会的议会存在两种非常严重的弊病，这是不可否认的。第一，财政浪费不可避免。第二，个人自由越来越受限制。

当议会碰到一些亟待解决的难题，或者在位的管理者缺乏高瞻远瞩时，必然造成第一个弊端。例如，一名议员在自己的提案里建议，应该给所有国家公务员涨一涨工资，所有的工人都应该享受养老津贴。这样的提案显然大快人心，所以，尽管我们都心知肚明，它会增加额外预算，只能通过增加新税种来弥补空缺，但最后人们都会投赞同票的。因为每个议员都会想："要是我不同意的话，就等于把别的选民都得罪了。"所以哪怕明知这样会增加预算和开支，但大家都会不约而同地投赞成票，毕竟那是遥远的将来才需要面对的，现在完全不必担心。他们每个人都清楚，想要继续待在这个职位上应该怎么做。

除了上面的原因，为了地方利益而投的赞成票，同样会为政府增加财政压力。这是没办法的事情，想要领取地方补贴，就必须再在政府头上砍一刀。众议员是不可能否决这种提案的，除非他不在乎扫选民的兴。通常，众议员想让同僚支持自己的提案，就必须等价换取，也即先支持同僚的提案。①

个人自由受到议会的约束越来越强，这是第二个弊端。虽然这种约束表面上不明显，可它是真实存在的。法律的诸多条条框框，就是造成这种限制的根本原因。很多时候议会只是例行公事，他们根本看不清某项表决通过后，会带来什么样的后果，他们从来都缺乏高瞻远瞩。

包括英国在内的任何一个国家，都无法避免出现这种弊端。尽管英国的议会制度已经普及到了各个方面，而且议员和选民相互之间有很大的独立空间，可仍然无法避免出现这种弊端。"表面看起来更加自由了，实际上自由度越来越低。"赫伯特·斯宾塞早已指出了这一点。他最近出版的《人与国家》就论述到了这个问题。他以自己的独特视角来看待英国议会。

---

① 1895年4月6日，《经济学家》上发表了一篇非常不错的文章。有报道说，一项需注资1500万法郎的修建郎盖耶连通普伊铁路的提案，只经过一次表决就通过了。接着，一项耗资700万法郎的连接布蒙特和科斯特尔萨拉金的铁路又表决通过。再接着是耗资600万法郎的从普拉特通往奥拉特村的铁路。在1895一年之内，就表决通过了耗资总额高达9000万法郎的铁路项目。评论上说，由修建铁路带来的财政支出变化，背后的原因都跟竞选有关。其实经表决通过的还有另外的一些开支项目，同样是出于竞选方面的举措。财政部长认为，假设将工人的补助进行制度化，每年需要为此支付的金额为1.6亿法郎，可布罗院士却认为是8亿法郎。国家财政如果继续增加这方面的开支，不加限制，必然面临着破产。现在像希腊、葡萄牙、土耳其和西班牙这些欧洲国家都面临着这样的危机。而意大利等一些国家，同样也会陷入这种困境中被财政危机所困扰。人们必然早就意识到了，因为这一类事情发出了太多危险的信号。——原注

立法机构如今所走的路子，和我曾经指出的一模一样。独裁制度越发迅猛，个人的自由受到越来越大的限制。这从两个方面就能看出来。首先，以前在公民行为方面具有很宽泛的自由度，而近年来大批大批的法律条文出台，使得公民的自由度越来越狭窄。很多原本可以做也可以不做的事情，由于这些法律条文的制定，现在都必须做了。其次，压在公共机构上的负担越来越沉重，这一弊病在地方上体现得最为明显。只有限制财政收入的随意支配，才可以摆脱这一困境。由于个体喜好的支出，让步于公共权力的开销，拆东墙补西墙，所以公民的自由进一步受到限制。

斯宾塞的评论并没有道出事实的全部。虽然公民自由日渐受到约束的现象体现在每一个国家，不过各有各的表现形式，不能一概而论。这种立法政策在限制民众自由的同时，也将权力更多地集中在公职人员的身上，还意味着公职人员的越发冗赘，这使得他们的影响力越来越失去限制。长此以往，他们的权力没有了外力制衡，任何政党执政都一样，公职人员必将变成一个文明国家的实际掌舵者，与此同时他们还不必承担责任，即便无所建树，地位也牢不可动。恰恰，实行压迫独裁政策的也正是具备这些特点的人才会实行。

大量的限制性法律条文出台，意味着公民的自由空间越来越狭窄，甚至连生活琐事也要受到复杂的法律条文的框囿。几乎每一个国家都认为，想要保障公民的自由和平等，就需要有大量的限制性法律条文，这种错误的观念导致每天都会有不计其数的令人忍无可忍的法律条文被制定出来。公民们习惯了各种框架的限制，以至于失去了精神活力和自主自发的意识，变得像奴隶一样麻木。发展到将来很可能所有公民都会变成虚幻的影子，没有了实在的形体，甚至不再像一个生命体，变得死气沉沉，只懂得被动接受和顺从。

国家一旦真的出现这种现象，个体必然会抛弃故土，去外面寻找自己丢失的力量。随后，政府的所有机关部门都会像公民一样，变得死气沉沉，麻木不仁。个体的创造性和自发性的丧失，以及精神找不到依托，反过来又会把这些需求转嫁给国家政府，而政府必然又要肩负起为公民提供这些东西的重任，然后政府机关的权力再次蔓延，以保护的名义掌控一切，最后国家就成了无所不能的上帝。可我们从历史中得到过教训，这样的上帝并不能胜任这些工作，它绝不是无所不能的，所以这样的国家只会迎来灭亡，而不会变得强大。

有些民族的国家政府，表面看起来胸襟开阔，赋予公民们相当大的自由权利，并不限制太多。但这只是它们营造出的一个假象，实际上这只是它们步入了晚年的回光返照，和所有别的制度没什么两样。这种情况就是一个文明即将没落的征兆。任何一个文明都有走向衰亡的一天，这是不可避免的。

我们已经看到了现代文明即将没落的先兆，还有历史的经验从旁作证，林林总总的这方面的判断，让我们胆战心惊。历史就像一次又一次的轮回，任何一个民族都必然经历这样一个阶段。这本书也该结束了，不过在此之前，我还想简单介绍一下文明进化的共同阶段。尽管这种介绍太过简单，不过至少能够帮助读者明白，群体是如何获得绝对权力的。

如果我们顺着历史的主脉络，去观察，去评论在我们之前的那些伟大文明，和所有已经衰亡的文明，我们能够得出什么结论呢？

一群血统不一、来源不一、信仰迥异、语言不通的人由于各种原因——比如侵略、移民，或所有人接受了某个首领所认可的律法——而汇聚在一起，就构成了文明的最初级阶段。虽然这些人看起来非常杂乱，却有一个特别明显的共同特征——他们都是一群野蛮人。由这些人聚集而成的集体是不牢固的。由于英雄思想的存在，他们偶尔也能取得短暂的团结，不过更多的时间却是我行我素，动不动就拔刀相向。

随着时间的推移，他们的个人品格逐渐提升。还有更重要的原因：因为同处于一片土地，必须学会共享这片土地的资源，而且不同的种族间也必然会逐步通婚，所以小群体逐渐发展成大群体，最后成为一个新的种族。它逐渐拥有了共同的情感和性格，并且被一代代继承发扬下来，成为不可动摇的根本。当它发展成为一个民族的时候，就从野蛮蒙昧的原始状态中走了出来，不过它与真正意义上的民族还有一步之遥。它还需要更长的时间来经历洗礼、完成自我沉淀，当它具备了某一种理想时，它才能称得上是真正的民族。无论这种理想是罗马崇拜，还是崇拜极盛时期的雅典，还是膜拜真主安拉的胜利，还是其他性质的，总的来说，因为这些理想的存在，它们使得种族中的个体在情感上和精神上都达到了空前的统一，相融无间。于是乎，一个新的文明就此诞生。

民族理想包含着各个方面的内容，如信仰、制度、文化、艺术等。这个种族坚持不懈地追求自己的理想，它逐渐具备了某种英雄的特质，而且不断地建立更多的功勋。不过它依然是善变的，摆脱不了群体的特性。不知不觉间，一个固若磐石的基础积累而成，即种族的本性。这个本性决定了这个民族会抓住什么样的机遇，能够在什么样的范围活动生存。

时间既能创造一切，也能毁灭一切。无论是凡人还是神明，都逃不过这样的命运。文明也一样，当一段文明达到极盛时期，或者变得无比复杂后，它就会止步不前，而后开始衰退。这好比一个人到了最美好年华，紧接着就会开始步入老年一样。

一个民族必然会经历这样的时期。首先，支撑民族生存的理想会率先腐坏，这是民族衰败的最明显征兆。而后，政策、信仰和社会结构也会伴随着理想的衰颓而每况愈下。一旦种族理想丧失殆尽，也就代表着鼎盛和团结一去不复返。种族群体的自我意识，会被个体过度发展的自我意识所取代，所以个体无限壮大自己的个性和智慧也没有关系，却不可以让个体的自我意识过度膨胀，否则种族的性格和活力就会衰竭。原本非常稳定、团结、密不可分的民族群体，最后会变成一盘散沙。即便因为传统和制度还在，偶尔依然能凝聚到一起，但也只是暂时的。群体终究会被必然在这个时期表现出来的个人利益和欲望弄得分崩离析。紧接着，个体无法自控，就连最细微的事也做不好，只能交给头目来差遣调配，国家就趁机发挥它的作用了。

　　古老的种族理想一旦消亡，种族的智慧也将荡然无存。种族分解为一个个独立的个体，于是这群散兵游勇便再次回归原始的蒙昧状态。他们无法团结一心，充其量偶尔形成一个貌合神离的团体，但根本没有未来。覆巢之下无完卵，当种族文明摇摇欲坠时，这些虾兵蟹将也只能各自为营，得过且过。当最高的权力掌握在群体手中，野蛮的习气便会一发不可收拾。即便一段文明历经岁月的磨难，拥有暂时的光鲜亮丽，不过内里早已被淘空，就像一座再也经不起下一场风暴的空中楼阁，吹之必倒。

　　一个民族，因为追逐自己的理想而摆脱野蛮，步入文明。任何文明都滥觞于此。直到这个理想落后于时代，不再显得伟大，民族文明就开始走下坡路，直至消亡。这样的轮回，任何一个民族都概莫能外。